经济大趋势与未来发展控制权

日本内阁经济顾问、首相智库呈送

[日] 伊藤元重　著
陈颖　译

経済大変動
「日本と世界の新潮流」を読み解く60の視点

人民东方出版传媒
東方出版社

目 录

前　言

世界经济的大转向

世界经济突然发生了大转向。

如果以近年来发生的事件为例，有1981年的里根政权上台、1985年的广场协议、1990年的日本泡沫经济、1997年的亚洲金融危机、2001年的纽约等地发生的恐怖袭击、2008年的雷曼事件等。

而美国特朗普总统的当选，也可能成为世界经济大转向的转折点之一。

在本书即将完稿前，美国公布了总统大选的结果。就此，在本书前言中对于特朗普总统当选后经济形势会如何转变也会做一些评论。

随着特朗普总统上台，世界经济走向可能会发生很大转变。不过，比特朗普总统上台更为重要的，是如何掌握世界经济的大潮流。在此意义上，身处特朗普总统上台后的新形势中，如何重新审视迄今为止的经济走向也是很重要的。

我接下来的一项计划是在美国总统大选后，对《日经 MJ》上连载的“伊藤元重的经济观察”中所刊载的内容进行修改，发送给 PHP 研究所的编辑，请他们马上进行收录。

由于执笔阶段正值特朗普总统就任前，今后可能会发生我预想不到的动向，因此对于特朗普总统就任对今后形势的影响，我只是举出了我可以想到的几点，希望能作为参考，帮助广大读者解读今后世界经济的动向。

特朗普总统上台会带来“特朗普风险”

说到特朗普政权的政策运营，不由得让我想到了 1981 年就任的里根总统的政策。二人之间有不少共同点。他们都强力主张复兴美国，批判现存的政治势力。里根总统有担任加利福尼亚州州长的经验，但之前作为电影明星的经历，又使他有别于其他政治家。此外，二人还有一个共同点，就是得到了很多白人的投票，特别是他们作为共和党候选人却得到了很多原本支持民主党的白人的投票。特朗普就任时已经 70 岁了，里根就任时也差不多达到了70岁的高龄。

里根政权的初期，大胆施行了减税和增加政府开支的政策。并且，在增加政府开支这一政策上，推行了“星球大战计划”和对抗入侵阿富汗的苏联，等等。

总之，无论哪项措施都导致了美国财政赤字的大幅增长。当时的美国联邦储备委员会（FRB，以下简称“美联储”）议长保罗·沃尔克为彻底解决通货膨胀的问题推行了紧缩性货币政策，美国的利率飙升，美元大幅升值。

特朗普政权时代，美联储的金融政策会如何我们不得而知，不过从美国利率上升和美元升值这一现状来看与里根时期还是很相似的。特朗普也是大胆推行减税、启用基础设施投资等增加政府支出的手段。

在这两个政权的相似点上，不得不让人注意的是对新兴国家的影响。

由于美元升值、利率上升，背负巨额美元债务的巴西、阿根廷、墨西哥等国家于1982年陷入了债务危机。当时正值里根总统就任的第二年。毫无疑问，债务危机的原因不仅仅是美国的经济变化，美元升值（债务国货币贬值）和利率上升也起到了很大作用。

此次特朗普上台，也存在新兴国家背负巨额债务，周边新兴国家的货币会大幅贬值的悬念。

特朗普政权还要担忧的一大问题是特朗普在选举期间一直重复的保护主义言论。

特朗普的支持者中，有不少人发声表示很期待这样的保护主义政策。特朗普政权无法完全忽视他们的声音。这样的趋势不禁让人联想到了20世纪80—90年代发生的，严重的日美贸易摩擦。在各种各样的产业和领域，日本和美国有着很多严重的矛盾。

我想，美国的企业今后会提出比以往更严苛的，针对日本企业的反倾销申诉。这对于日本企业来说是个十分头疼的问题。这样的保护主义政策可能不会对日美贸易产生特别大的影响，但可能会成为企业投资行为产生新风险的主要原因。

特朗普不仅退出了环太平洋经济合作协定（TPP），还提出要重新谈判北美自由贸易协定（NAFTA）。

受北美自由贸易协定的影响，许多日本企业转为向加拿大和墨西哥投资，想通过这些国家对美国市场进行出口。希望这样的趋势不会对美日经济产生大的影响。

那么，当年造成各种混乱局面的“里根经济学”（里根的经济政策）之后是如何开展的呢？

作为“小政府”的象征，规制缓和路线得到了维持。减税方面，进行了一些调整以避免产生过度的财政赤字。极端的美元升值则于1985年通过“广场协议”得到了修正。其间，里根团队的阵容也一点点得到了修正，可以说是转向了更为现实的路线。最终，美国经济实现了复苏。里根总统之后，1989年开始就任的布什总统受益良多。

里根政权时代的经历对于预测今后的形势发展究竟可以起到多大作用，我们不得而知。不过，从民主党到共和党的政权更替、完全不同于以往政治家的总统上台、强力的美国复兴口号等方面来看，这两个政权的确有很多共同点，这一点是毋庸置疑的。

中国风险和发达国家的长期停滞

今后，世界经济的走向会如何？除了特朗普总统的上台以外，本书将尽可能举出其他可能的重要因素，这里就不再一一重复了，各章的标题部分已经明确列出。在此仅对其中特别重要的部分再做一些简单的评论。

中国经济的影响力可与美国比肩。如今的中国正处于“新常态”这一大的转折点。大的发展方向是从出口产业转向内需产业、从制造业转向服务业、从投资转向消费进行经济结构的调整。

中国要继续保持稳定的经济运营，就必须进行这样的转变。

不过中国经济是否可以朝着这样的方向实现“软着陆”还不是很明朗。这就是“中国风险”的问题所在。如果中国风险爆发，对全球经济的影响将会非常大。

全球经济还需要关注的一点是称为长期停滞（secular stagnation）的，覆盖所有发达国家的经济停滞。日本一直苦于长期的经济低迷，欧洲也正在一步步“日本化”，面临着通货紧缩的风险。美国在发达国家中是最先复苏的，但其复苏速度并没有达到预期。

可以说，发达国家的长期停滞主要有三个原因：第一，雷曼事件的后遗症还余烬未消。第二，发达国家不约而同地面临着“少子老龄化”的社会问题。第二次世界大战后出生的“婴儿潮一代”（团块世代）已进入退休年龄，而这一现象并非只发生在日本。老龄化给消费和投资带来的影响是十分严重的。第三，技术革新的相关原因。

从根本上把握经济趋势

我特别关注的长期停滞的原因是革新和经济增长的关系。本书曾多次提到，美国经济和革新的关系以 1980 年前后为界发生了很大的变化。

经济学家把在经济增长中，根据技术革新和产业结构的变化进行说明的部分称为全要素生产率（Total Factor Productivity，简称TFP）。1880—1980年，美国经济的TFP达到了非常高的水平。这一时期堪称“黄金100年”，美国经济的增长率保持了较高水平。

美国西北大学的罗伯特·戈登教授等人指出了这一事实。在此背景下，不可忽视的是不断涌现的技术革新。电力的普及、机动化、通信手段的扩大等不断改变着经济社会。这与TFP的上升，甚至经济增长是密切相关的。

遗憾的是，1980年以后，美国的TFP一直徘徊于低水平。虽然这期间出现了互联网的普及和个人电脑的开发，但并不足以提升美国的TFP，技术革新一直处于停滞状态。这一事实具有很深刻的意义。TFP一直低迷的情况下，无论怎么刺激财政和金融，都很难保持经济的持续增长。

日本的停滞比美国晚了10年，1990年左右开始，日本的TFP显著降低。一般分析认为，这种情况是由于受到了日本泡沫经济的影响。但是，把这一现象看成不过是美国发生的事情10年后又发生在了日本，也是成立的。

我并没有以悲观的态度看待技术革新的低迷。最近十分引人注目的人工智能（AI）、物联网（IoT）、大数据、机器人等技术革新对于今后 TFP 上升的影响就很让人期待。相信读完本书后，读者朋友们会对相关内容有一定的了解，总结起来就两点：一是技术革新的速度在加快；二是在这些技术革新的影响之下各个领域都在谋求大的变化。

本书是我对这两年连载在报纸等媒体上的文章原稿进行整理后编写而成的。并且，本书是以这样整理的形式出版的 PHP 研究所发刊的第四本新书。

虽然每周要掌握新闻连载的内容是比较困难的，不过这也是对眼下发生的各种经济现象进行集中思考的绝好机会。为了能在 1000—2000 字的短文中简明清晰地讲完想说的事情，必须彻底看清现象的本质并予以总结性的说明。

而我最近的重要工作就是每天都像上述那样进行思考并总结。虽然由作者本人来说有些奇怪，但我重新阅读自己两年前写的原稿，总是会有很多新的发现。

经济领域总是会发生新的动向。如本书前言中提到的特朗普总统的上台就是典型案例。对这样的新动向进行考察是件很重要的事情，但同时，我们不应该只关注每天发生的动向，从根本上牢牢把握经济趋势也是非常重要的。希望本书能够启发（哪怕只是一点点）广大读者进行这样的思考。

伊藤元重

第 1 章

最新技术
改变了未来的商业地图

解读人工智能/物联网的本质

技术革新带给我们什么？

“政治敲锣打鼓叫嚣着改革，但往往社会并没有多大改变。而有位年轻人在西雅图的自家车库中进行的技术革新活动却如燎原之火般在整个社会蔓延开来，大大改变了这个社会。”

我曾经读过的一本书中有这么一段叙述。

这里所说的西雅图的年轻人，指的应该是创立微软公司的比尔・盖茨。总之，我想要表达的是“真正改变社会的是技术革新”。

在此意义上，我们就必须关注人工智能（AI）、物联网（IoT）、大数据、机器人等与技术相关的话题了，因为技术已经成了改变社会的原动力。也正因为有了技术革新，我们才对消除笼罩着世界的闭塞感有了期待。

这些技术革新值得期待的原因有以下两点。

第一，技术革新的速度在加快。人工智能已经发展到第三代，此前我们觉得难以实现的事情正在令人惊异地、接二连三地变为现实。汽车的自动驾驶技术、打败专业围棋棋手的阿尔法狗（AlphaGo）等已成为人们津津乐道的话题。

由于物联网等技术的发展，据说全世界运转的计算机所使用的电量已经超过了日本的总电量。信息处理的程度可想而知。

第二，技术革新的推广。信息技术带来的变化几乎波及到了所有的社会领域。

在金融领域，金融技术已成为热议的话题。在制造业领域，机器人和人工智能已成为新宠。亚马逊等亲身展示了电子商务的变化。大数据以及人工智能改变了医疗界。共享和自动驾驶技术的发展将给城市交通带来巨大的变化，这一点完全可以预料得到。可以说，从劳动市场到教育、从娱乐界到新闻界，几乎所有领域都会因信息技术的变革而发生巨大变化。

当然，信息革命并非只有光芒万丈的一面。机器人以及人工智能的发展也会导致雇用机会被争夺、企业以及社会基础设施暴露在网络攻击的威胁之下等诸多严重的问题。在信息技术较为发达的美国等国家，很多人都抱有产业附加价值的大部分正在被剥夺的危机感。因此，我们必须从信息化的正反两方面来看待技术革新的趋势。这并非只是部分专家学者应当关注的主题，所有人都应当予以关注。

人工智能夺走了人类的工作机会?

你是否使用过互联网上的自动翻译功能呢?谷歌等搜索引擎上就有将网页上的英文自动翻译成其他语言的功能。因为是机器自动翻译,所以一些较难的文章会被翻译得让人看不懂。即便如此,其翻译能力也是相当惊人的。如果是简单的文章,翻译出来的文字会十分通顺。我还试过 NTT DOCOMO 公司[①]提供的自动口译服务,口译水平相当高。我这边用日语说话,电话那头听到的是英语;反之亦可。不仅是英语,各种语言都适用。

自动口译其实是灵活应用了语音识别和自动翻译这两项功能,就是把用户的说话语音转换为文章,接着把文章翻译成外语,然后再把译文转换成语音。这种程度的作业,计算机瞬间就能完成。

---

① "DOCOMO" 取 "Do Communication over the Mobile network (电信沟通无界限)" 的头文字缩写,日语里的 "DOCOMO" 则带有 "无所不在" 的意思;在中国大陆和中国台湾地区的分公司译为 "都科摩"(北京、台北)或 "都客梦"(上海)。——编者注

我经常和学生们开玩笑说，与其拼命学习英文会话，不如多学习一下怎么说出让机器更容易翻译出来的日语会话。不久之前，我还只是开玩笑地说了这番话，但当我发现技术进步如此之快之后，这样的玩笑已经不能称为玩笑了。有人工智能方面的专家表示，再过 10 年很有可能完全实现自动翻译和自动口译的功能。虽然专家说完全实现这一步还需要 10 年，但如同前面我已经说过的，在尚未完全实现的现阶段，自动翻译的功能已经可以使用了。

人工智能的进步速度就是如此之快。翻译以及语音识别的功能还只是人工智能所能提供的功能当中的很小一部分。人工智能超越人类能力的领域在不断扩大。最近掀起热议的是专业围棋棋手最终败给了计算机的新闻。在日本象棋和国际象棋领域，计算机早已显示出了优势，而在复杂的围棋领域，计算机也终于超过了人类的能力。

计算机超越人类能力的世界，这对于人类来说究竟是该欢喜，还是该恐惧呢？我等外行人还无法下定论。不过，无论是否喜欢，我们都必须面对这样的现实。计算机没有抢走我们的工作机会，我们要做的是掌握计算机技术并让我们的生活变得更加丰富多彩。

200 年前的工业革命时代，因不满被机器夺走工作机会，劳动者群体策划了一起起打砸机器的运动，也就是所谓的“打砸事件”。当时的劳动者是很严肃地对待这件事的，但在今天看来却如此滑稽。我们掌握了应用蒸汽机产生动力的技术后，大量劳动者从繁重的体力劳动中解脱出来了。如果没有动力革命，今天还会有大量劳动者在工厂从事重体力工作，他们不得不搬运重物，甚至在桨帆船底摇着船桨。

毋庸置疑，信息革命和人工智能会大大改变我们的工作和生活。但也不能因此就对其进行“打砸”。我们应当认真考虑的，是如何应用人工智能来丰富我们的生活。

观点

人工智能超越人类能力的极限已经指日可待。我们必须做好迎接那一天的准备，尽快找出灵活应用人工智能技术使我们的生活更加丰富的方法。

“奇点”的冲击

——人工智能通过深化学习能力超越人类

具备人工智能的计算机击败了世界围棋冠军，世界冠军以一胜四败的成绩惨败。日本象棋和国际象棋领域，计算机的能力优势早已显现。而如今，具有无数模式的复杂的围棋领域也终归是计算机一方更胜一筹了。

此次开发出围棋人工智能软件的是英国风险企业——DeepMind。该企业被世界著名的 IT 企业谷歌收购，成为谷歌旗下的企业，负责开发具有通过 DeepLearning（深度学习）方法掌握学习能力的人工智能技术。

在 IBM 的计算机战胜国际象棋的世界冠军之前，计算机就学习并记住了很多的棋谱，记住了各种情况相应的最佳走棋方法，计算机正是通过这种方式击败了人类的世界冠军。但是，在具有数不清的模式的围棋中，要切实记住每个棋谱的方法是行不通的。因此在围棋方面，还是人类更胜一筹。

然而这一次，DeepMind 的计算机完全使用了不同的方法进行学习。因为我不是这方面的专家，所以很难解释清楚。大致上就是计算机具备了通过几次实战经验来识别围棋模式的能力。不管怎么说，人工智能确实已经发展到了一个新阶段。

目前还开展了将人工智能应用于制造的实验。可能有些读者已经看过电视上的介绍了。毕业于东京大学的年轻工程师们创立的风险企业 Preferred Networks 与机器人制造商 FANUC（发那科）合作的事情很有趣。他们在箱子中放入了各种形状的零件，指示机器人从中拿出某种类型的零件。收到指示后，具备人工智能的机器人开始工作，最初总是失败。但重复几次后，机器人不断从失败中进行学习，最终正确并迅速地实现了作业目标。这个过程很让人感动。即使没有人类的介入，机器也能开始自主学习了。

进一步发展这种学习能力的话，人工智能将能够胜任更多的、各种各样的任务。有专家表示，大约 10 年后人工智能就能实现完美的自动翻译功能。到那时，可能无须再学习英语就可以很顺畅地和外国人进行交流了。

当然，人工智能超越人类的能力并非只有好的一面。专家们提出了称为“奇点”的现象。简单来说，就是自人工智能超越人类能力的那时起，由于人工智能的学习能力不断深化，其与人类之间的差距将会不断扩大。

一旦出现人工智能式的武器和黑客类组织，那么他们摧毁人类将易如反掌。虽说凭人类的智慧还是可以战胜人工智能、阻止人工智能暴行的，但是一旦超过了“奇点”，情况就大不一样了。可能很多人想到了科幻电影《终结者》，讲的就是未来机器人杀死人类的故事。目前，我们尚难断定未来是否会出现类似的可怕事件，但也许人类正迎来一个重要的转机。

观点

人工智能通过自主学习，可以识别迄今为止不可能实现的、数不清的模式。人类应当运用自己的智慧来控制这样的人工智能。

影响力的大小左右商业的成功

——学习超级明星经济学

曾有论文提出“超级明星经济学”一说。这篇论文是已故教授舍温·罗森（Sherwin Rosen）的作品，我在读研究生时曾上过他的课。论文论述的议题是，为什么铃木一郎、锦织圭这样的一流专业运动员能获得最高水平的高校教师薪资好几百倍的收入。其中比较重要的观点，是影响力所能触及的长度。铃木一郎、锦织圭这样的明星活跃于公共场合，他们能通过电视以及互联网将他们的影响带给非常多的人。如果有 2000 万人受到了他们的影响，并且这些人从他们的影响中看到了 100 日元的价值，那么这些价值总计起来就有 20 亿日元了。

与之相对，无论多么优秀的高校教师，其影响力也只是限制在狭小的教室空间内。倘若教室里有 40 名学生，其影响力也仅在这个数量级别扩散。当然，有些教师对于学生来说是影响其一生的重要存在，但即使如此，这种影响力也极少反映在教师的收入中。

社会性触及长度或者说影响力的扩散，在这里并不仅限于已举出的个人收入的例子，还包括企业的利润。

商业世界发展的秘诀涉及了如何将这样的社会性触及长度或者影响力的扩散进行放大。特许经营就是典型的例子。如果在便利店以及餐饮行业建立起完善的组织，那么就可以通过特许经营的形式进行影响力的扩散，从而创造出大规模的经济价值。也可以通过发展直营连锁店，通过自持资本和人才增加新的店铺。但是，如果要在短时期内扩大影响力，还是特许经营的形式更占优势。

在将优秀技术和商业普及于世方面，信息技术的革新提供了很大机会。先前说到，将高校的优秀教师的知识经验扩散到高校之外是很困难的，但是如果通过 IT 等技术就不难实现了。如果将课程制作成视频软件，那么就可以向更广阔的世界扩散了。就像把铃木一郎的比赛通过视频播放一样，高校教师的讲义也可以通过视频播放。不仅是视频，如果将优秀的指导课程编入互动性的软件，那么就形成了新的教育手段。

运用人工智能的服务，让在各种领域开展扩散知识的活动成为了可能。在医疗领域，可以说不管什么诊断都可以交给人工智能。更理想的情况是，如果能将出色的医生们的诊断知识编入人工智能的话，那么全世界的人就都可以享受到由它带来的便利生活了。资产管理等方面的建议也同样如此。云技术和人工智能的发展开辟了一条将迄今为止受限于局部领域的知识和见解传播给世界，并为人们所利用的道路。

如果说商业成功的关键在于获得范围更广的客户，那么推动其发展的人工智能技术就显得尤其重要了。

观点

对于商业而言，商品和服务的提供对象范围越广，利益就越大。通过人工智能和技术革新，今后其影响力的范围将会飞跃性扩大。

物联网的本质到底是什么

——“联系”改变时代

报纸和杂志等都在争相报道物联网，不知大家是否了解这个词的意思。物联网（IoT）其实就是 Internet of Things 的缩略语。将“物”和互联网联系起来，一眼看去可能会觉得不可思议，然而这一技术正在成为改变社会的大潮流。

简单来说，物联网就是将众多的“物”通过信息设备与互联网联系起来。比如，智能手机上发生的操作都会作为信息与某处的计算机进行通信。如果对其进行分析，就可以推测出哪里的道路发生了拥堵，因为所有的“物”只能缓慢移动的道路肯定是处于拥堵状态的。如果大家打开智能手机中的谷歌地图，就会收到比车载导航更加精准的拥堵信息。

同样，分布在街道和建筑上的安全摄像头也可以和互联网联系起来。如果罪犯的照片事先已经录入计算机，那么一旦罪犯经过安全摄像头前方，警方会立即得到通知。在技术层面，这样的事情应该可以实现。实际上，这种技术目前是否正在应用我还不是很清楚。

很多顾客在便利店购买商品时，应该都会出示积分卡吧。这也是和互联网联系在一起的。哪里的店铺、什么样的商品、被什么特征的顾客购买，这位顾客还买了什么商品，这些信息如果能被商家掌握并运用，那么他们在制定销售战略方面将会非常高效。

有一项很有意思的数据可以反映出现在的信息通信、信息分析到了何种程度，那就是世界范围的计算机服务器所使用的电量。据说仅世界上使用的计算机所用的电量就已经超过了日本的总电量。正是使用了如此大规模的电量，世界上的计算机才能够保持正常运转。

日本产业的未来也会受到来自物联网技术的巨大影响。大家可以想象一下，未来所有的“物”都会和互联网联系起来，那样的世界将是多么奇妙。汽车、住宅、工厂、机器、铁路、行李标签等，所有的“物”都会和计算机无线连接。汽车一旦正式启用自动驾驶功能，将会迫使整个交通体系做出重大变革。

住宅如果和网络连接起来，那么就会成为能够实现能源有效利用和老年人看护等各种功能的智能家居。

将工厂和互联网联系起来的实验在德国已作为工业 4.0 的计划由政府大力推行，日本也深受其刺激。相信通过采用信息技术将工厂联系起来，日本的制造业也会发生很大改变。

工程机械和网络也可以联系起来。从这个意义上来说，小松制作所的工程机械是很有名的。据说在海外运行的小松制作所的工程机械如果启动后发生了故障或其他问题，那么相关信息会全部传送到日本的小松制作所的计算机内。通过充分应用这些信息，小松制作所更加高效地推动了商业进展。

可能有人会感叹这个时代真是不得了。基于信息技术的不断发展，社会在不停地急速变化，希望能有更多的人关注到物联网。

观点

基于物联网技术，所有的“物”都可以和互联网联系起来。这一技术正在成为从根本上改变我们生活的大潮流。

信息技术实现的共享经济

信息技术大大改变了经济社会，可能很多人都有这种感觉吧。物联网、人工智能、云计算、大数据等用语充溢着街头巷尾。金融、医疗、教育、商业、物流、制造、交通等，几乎所有的“物”都因受到信息化的冲击而发生了变化。

其中，各种有趣的概念不断被提出，“共享经济”就是其中的代表。如果应用好信息技术，那么就会有更多的人可以分享到各种“物”。这样一来，就会发生类似费用削减这样的好事情，这是很了不起的。

汽车就是典型的例子。很多汽车在车库中“睡觉”的时间比在路上跑的时间都多。一周只有 1 小时在使用汽车的人，他们的汽车运转率只有 0.5%。即使是一周使用 2 个小时的汽车，其运转率也只有 1%。因此，我们不禁怀疑花大价钱购买汽车真的划算吗？尽管如此，依旧会有很多人购买汽车，他们认为，万一有需要，手头预备一辆汽车将会有备无患。

但是，随着信息技术的发展，谁都可以在有需要的时候确保用上汽车。在海外急速发展壮大的“优步”（Uber），开展的就是配有司机的共享汽车业务。当然，以这种形式实现共享的并不仅仅是汽车。

为旅游人士提供住宿的“爱彼迎”（Airbnb）是一家将房屋这样的资产让更多人共享的组织。

无论是汽车还是住宅，都是需要投入大量金钱才能获得的耐用性财产。将其服务尽量分享给更多的人也是十分合理的运作，而信息技术的发展使这样的运作成为可能。

除此之外，共享经济的运作还会进一步扩展到哪些领域呢？只要是有价值的、大家都能共用的，就都可以成为共享经济的对象。仔细想想，其实作为推动信息化的云计算技术，也是将服务器这样的资产拿来共享的。

在能作为共享对象的资源中，劳动力是很重要的。这里说的“劳动力”特指具有专门技术的劳动力。比如护士、医生等劳动力都可以让更多的客户和患者共享，因为他们能提供标准化服务。

但是，如果是特殊技能，就很难共享了。很多时候，拥有这种技能的劳动者都会被企业作为从业人员来采用。这样一来，拥有这种特殊技能的劳动者就很难被他人所利用了。有很多企业都有禁止兼职的规定，这也使得特殊技能劳动者很难被共享。

近些年来，也出现了可以分地点共享各种特殊技能劳动者的业务，对这一业务的需求应该也不少。通过使用互联网，也可以实现具有特殊技能或者相关知识的劳动者的共享。

观点

随着信息技术的快速发展，诞生了按需借用的“共享经济”商业模式。将来还会实现拥有特殊技能的人才的共享。

持续扩大的“订阅模式”

——实时信息是关键

之前听说过一件事，是有关一家生产水净化装置的公司栗田工业的事。

这家公司原本是以销售净化装置为主要业务的，后来却转为提供净化相关服务了。这家公司在家电制造商的液晶工厂附近设立了水净化工厂，通过管道连接液晶工厂，收集液晶工厂排出的废水，并且将净化后的水输送回去。

也就是说，这家公司销售的不是水净化设备，而是水净化服务。由此，客户企业就不需要保留水净化装置的维修人才了。对于栗田工业来说，也有可能收获更高的附加价值。

不是销售“物”，而是提供服务的形式，这就是“共享经济”。就好像定期购买阅读杂志一样，持续向客户提供服务。

这样一来，就可以与客户建立更加稳固并且灵活的关系了。随着物联网技术的进步，可以及时知晓客户的使用状况，有利于扩大服务的范围。

轮胎相关的商业往来就是典型的例子。在轮胎上安装感应器，车胎的使用情况和摩擦损耗方面的信息就会被收集反馈给制造商。如果充分利用这些信息，那么就会使得与轮胎使用服务相关的共享经济成为可能，而不仅是轮胎的销售了。客户只需每月支付使用轮胎的费用就可以了。轮胎制造商根据这些信息，也能提供更多的服务。

在办公楼的照明方面也可以考虑提供同样的服务。不是将电灯或者荧光灯作为设备进行销售，而是以定期提供更换坏掉的照明设备为基本的服务。这样一来，还可以提出计算好电费的最佳设置方案。

像手机那样需要频繁更换机型的商品通过利用共享手段，可以提供以下服务：

如果出现了新机型，那么就可以将新机型以一定的费用出借。之后，如果再出现更新的机型，就继续提供变更为新机型的服务。回收的旧机型则出借给那些认为虽然不是新机型，但是价格便宜的用户使用。通过提供这样的服务，新机型的供应就能在一定程度上保证固定客源了。

如果市场规模不延伸，很多企业都会觉得受限，因为这种情况下仅能以销售完商品为目的。实际上，企业很想继续维持和客户的关系，提供更加多样化的、和商品紧密联系的服务，因为只有这样做才能谋求利润的增长。而共享经济作为有效手段，不会以销售完商品为目的，而会致力于持续提供服务。要实现这一点，就需要确保实时掌握客户的使用状况，而物联网技术正是实时掌握客户使用状况的关键。

观点

物联网技术能实时掌握客户的使用信息并持续提供产品附带的服务，“共享经济”由此产生。

依靠技术革新重振世界经济

不知大家是否听说过一个词，叫“长期停滞”(Secular stagnation)。它指的是主要发达国家一齐处于经济停滞的状态。实际上，自哈佛大学的劳伦斯·萨默斯（Lawrence H. Summers）教授提出这个概念以来，引发了诸多讨论。为什么发达国家的经济会一齐停滞呢？

经常作为原因被提出的有以下三点：第一，发达国家一齐进入老龄化；第二，雷曼事件的影响比较深远；第三，技术革新的相关原因。简单来说，就是技术革新处于低迷期，拉低了潜在增长率。我认为这三点是特别重要的原因。

在技术革新与经济增长方面，总是作为话题被提出的是美国西北大学的罗伯特·戈登（Robert Gordon）教授的研究。经济学家将通过技术革新和产业结构的变化而产生的经济增长部分称为全要素生产率（Total Factor Productivity，简称 TFP）。如果这一数值高的话，那么无论资本和劳动是否增加，都能保持其本来的高增长率。

据我对美国的 TFP 值的观察，1880—1980 年的 100 年，这一数值都很高，被称为“黄金100年”。这期间出现了很多技术革新，推动了经济增长。电网的扩大、汽车的普及、飞机以及船舶、电力通信等，能大大促进社会的技术革新不断涌现。正是这些因素提高了美国的TFP。

遗憾的是，1980年以后，美国的TFP一直很低迷。根据戈登教授的解释，这30多年没有出现过能提高TFP的划时代的技术。虽然这期间也出现了互联网和电脑等方面的技术，但是这些技术与“黄金100年”期间涌现的各种技术相比实在是微不足道。借用经济增长理论的大家——麻省理工学院（MIT）的罗伯特·默顿·索洛（Robert Merton Solow）教授的话来说，“你可以在世界的任何角落和生活的各个领域看到‘信息化’的影子，但是在经济统计年鉴上除外”。

在日本，TFP显著下降出现在1990年，时值泡沫经济破灭的时期。从那时起到现在，日本的TFP一直持续着低迷态势。这一时期被称为“失去的20年”。日本一直把原因归结为泡沫破灭、金融危机，还有通货紧缩。当然，不能说这种观点不对。只是，美国的TFP在1980年以后就在持续低迷，那么日本比美国晚10年发生同样的事情也并非不可思议的事情。对于美国来说，被视为经济增长“种子”的技术革新已经枯竭，欧洲和日本也会发生同样的事情。

如果现在日本的低增长率可以通过这样的技术因素来进行说明，那么事态是十分严重的。不管如何通过金融政策和财政政策来刺激经济，都将很难促进经济增长。结果就是，长期的经济增长从由需求方来决定变成由供给方来决定了。如今的状况如果继续下去，10 年后将可能被定义为“失去的 30 年”。如果没有拉动经济增长的技术，那么将很难从笼罩在发达国家头上的长期停滞状况中逃脱出来。

但是，我们也不必悲观地看待这件事，因为推动下一轮经济增长的新技术革新正从我们脚下不断涌现。人工智能、物联网、大数据、机器人等信息革命所引发的新技术浪潮正在成为大大改变社会和经济的原动力，甚至有人称其为“第四次工业革命”。这些技术正在改变社会的各个部分，金融（金融技术）、电子商务、移动（自动驾驶以及无人机）、医疗、教育、劳动市场等经济社会的各个部分都会受到这场大变革的冲击。人工智能研究者通过研究发现，再过 10 年将会实现近乎完美的自动口译系统。这样的技术带来的冲击将会大到无法估量。

由此可知，经济的长期增长引擎是技术。让经济刺激政策从循环中脱离出来方为上策。摆脱经济紧缩等就是典型的例子。仅凭刺激需求肯定无法保证持续的经济增长。政府要在经济增长战略中体现出对于这些新技术的积极接纳的姿态，这才是有意义的。但是，技术革新的主要领导者是民间企业，如果民间企业不积极接纳这些新技术，那么就无法实现经济增长对技术革新的充分应用。遗憾的是，日本这方面比美国等国家落后很多。如果分领域来看，日本甚至败给了中国。我期待日本企业能够更加奋发图强。

观点

发达国家经济长期停滞的原因可能是“技术革新的枯竭”。这样考虑的话，人工智能和物联网引发的信息革命就蕴含着复苏世界经济的可能性。

消费对象“从小汽车转向智能手机”

——有限时间的争夺战在继续

我曾参加过位于东京青山的 Blue Note Tokyo 举办的，日本代表性的女爵士钢琴家上原广美的音乐会。说是音乐会，其实就是可容纳 400 人左右的俱乐部，大家可以在台上一边享受美食和美酒一边听音乐。整个会场人潮涌动，气氛很热烈。

音乐会一天举办两场，持续了不到一周，据说总参与人数达到了参会门票抽奖竞争的 3 倍以上。上原广美在音乐厅举办演奏会，都会集中几千听众，因此就近在可以听演奏的俱乐部进行演奏，当然会更有人气。

这样的俱乐部在都市夜生活中是不可或缺的存在。在东京的丸之内，大型电机制造商和外资系金融机构的办公大楼中，也有纽约的棉花俱乐部，据说那里每晚都会聚集很多人。今后，东京都内会进行大型都市开发，这样的娱乐型空间将会成为很重要的存在。

在享受充满活力的音乐会的同时，我的脑中不由浮现出了流传至今的口号“从产品到服务”。这是赛松集团培养出来的堤清二等人经常说的话。仅出售产品的买卖很难做的时代终于到来了。必须采取新的手段让消费者能够享受服务。

过去我们一直说“从产品到服务”，到了今天，这种想法仍然十分重要。年轻人对汽车这种产品没有表现出多大热情，却对智能手机的支出十分慷慨。这表明，交流和娱乐等“服务”已然成为消费的重点。

消费者在两个制约条件之下进行着他们的消费活动：一是预算制约；二是时间制约。在自己可支配的金额预算制约中决定把钱用在什么地方，并且把 24 小时分配给工作、亲人和闲暇。日本消费者的生活越是丰富，与金钱的价值相比，时间的价值就越高。如何支配时间已成为决定消费活动的重要因素。

如果能提供令人愉悦的时间，那么肯定会得到消费者的支持。年轻人不再青睐汽车，不正是因为抱有“即使花大价钱购买了汽车，令人愉悦的时间也没有多少”这样想法的年轻人增加了吗？他们更愿意把钱花在智能手机上，不正是因为他们认为用智能手机和朋友保持联系很重要，更愿意把时间花在各种愉快的体验当中吗？

当然，时间业务并非仅仅是给消费者提供愉悦时间这么简单。时间业务还涉及为消费者提供便利、节约消费者购物的时间等方面。便利店和网上零售业之所以能得到很好的发展，正是因为它们使消费者不需要再在购物上花费太多宝贵的时间，它们提供了节约时间的价值。不过，这一业务的整体规模还是很有限的，还需要探索用更符合实际的业务形式为消费者提供有意义的时间。

观点

让消费者的生活变得丰富，让他们在生活中感受到快捷，提供这样的时间才是有价值的。业务形式也要“从产品到服务”转变。这样的“时间业务”会进一步加快技术革新的步伐。

通过女性的消费行为判断其何时分娩的时代

——备受质疑的数据使用方式

《习惯的力量》[查尔斯·都希格（Charles Duhigg）著] 这本书在营销和流通等领域能带给我们一些启示。书中讲到了很多有关人类习惯的科学见解和商务现场的实例，人们的习惯是如何形成的，以及这些习惯是如何在商业中被充分应用的。针对这些问题作者都进行了有趣的解说。

这本书特别有意思的地方是关于美国的大型零售服务商塔吉特公司对客户的信息进行分析的事例。塔吉特公司是美国数一数二的大型零售服务商，经营着服装以及日用品连锁店。塔吉特公司以以下问题为切入口考虑市场营销，即："人生中，一个家庭的消费行为发生重大变化是在什么时候？"答案是，家庭中有婴儿诞生的时候。

很多家庭在婴儿降生前后，会出现购物的店铺发生变化、购入的商品内容发生变化等现象。从零售店这一方来看，如果能吸引到有婴儿降生的家庭来购物，那么今后就能确保经常来店光顾的客户了。但是，如果没能吸引到这些有婴儿降生的家庭，这些客源就会被其他店铺夺走。因此，要最大限度地关注即将迎来婴儿降生的家庭，并且十分小心地应对。

问题是必须知道哪个家庭在什么时候会生小孩。塔吉特公司考虑的是灵活使用本公司的购物卡信息。很多客户都会使用塔吉特的购物卡购买商品。如果能对这些客户的购物卡信息进行分析，就能准确地预知哪个家庭什么时候会有婴儿降生了。

美国的女性在妊娠中期大多会选择购买香味清淡的肥皂和化妆品。因此，如果发现有女性顾客突然发生了类似的购买行为上的变化，就必须十分注意了。此外，随着妊娠的继续发展，她们当中的有些人会大量购买营养品。这样一来，如果追踪这些女性的购买行为的几种模式的话，就能相当精准地推测出她们的分娩时间了。这种方法无须人为判断，仅凭对购物卡信息的自动分析就可以掌握客户信息了，真是相当划算。

当然，使用这样的信息要十分慎重。顾客一般都十分反感在自己不知情的情况下被人获知自己的隐私并加以利用。有一次，店中来了一位中年男士就抗议过这一行为。据说这位男士的高中生女儿收到了一份“恭喜您顺利生产”的 DM（Direct Mail，快讯商品广告）。其实塔吉特公司的分析是正确的，这名女高中生的确是怀孕了。

分析顾客的数据能获知什么样的信息呢？这些信息如何应用于市场营销和商品化呢？这些问题对于今后来说越来越重要了。谷歌和苹果这样的大品牌企业拥有众多的顾客，与其分析这样的庞大数据，不如对有贸易往来的有限的客户的信息进行深挖，这种能力更值得研究。

日本的零售业和餐饮业现场收集了很多这样的数据。期待商家能够在保证顾客利益的基础上灵活应用这些数据。

观点

今后，随着物联网产生的数据和大数据等技术革新的发展，搜集信息的范围会进一步扩大。但是真正重要的是分析这些信息并充分运用的能力。

如何评价自助阅读、自助观看服务

在杂志和书籍方面，出现了很多支付一定金额就可以随便阅读的服务。亚马逊的“Kindle Unlimited”进入日本市场后，引起了广泛关注。据说每月支付 980 日元，就可以阅读 5 万件以上的漫画和书籍。其他企业之前也推出过相同的服务，比如 NTT DOCOMO 公司推出每月支付 400 日元可以随便阅读 160 期以上的杂志的“d 杂志”服务，据说现在的会员人数已经达到 300 万以上了。

在数字内容服务方面，所有领域都推行定额费用。在影片服务方面，Netflix 和 HuIu 提供了支付一定金额可以随便观看影片以及电视节目的服务。亚马逊面向顶级会员提供免费看电影和听音乐的服务。所谓免费就是终极的定额费用。

不用说，在这种数字服务推行定额费用的背景中，有着用于提供这些服务的费用限额不存在或者近乎为零的事实。出版书籍时，需要花费一定的费用和时间。只是，费用的大部分都是固定费用。追加性地提供书籍的电子版，其费用没有限制甚至近乎为零。音乐以及影像也同样如此。

费用限额近乎为零的商品价格是如何设定的呢？这是个大问题。以前，用平均成本加上利润就能得到价格了。据此，应该是包括了出版书籍时所花费的固定费用。不过，难就难在平均费用的水准这个数值是随着销售数量变动的。如果销售数量巨大，那么平均费用也相应便宜，价格会设定得较低。坚挺的企业会果断地维持低价格，以此来获得更多的销售量，从而实现利润的上涨。

定额费用服务的特征是通过尽量使内容更加丰富来降低定额费用。这种价格设定最为受益的恐怕是价格弹性较高的内容。通过 NTT DOCOMO 公司的“d 杂志”提供服务的杂志类电子商品就是典型案例。因为价格便宜所以消费者有能力购买，如果能降低价格，那么就会有更多的人购买并阅读。

问题在于价格弹性较低的内容。虽然有部分固定人群会支付费用阅读这些内容，但即使降低了价格也不会增加新的需求。具备这样特性的书籍和音乐还是存在的。与其将这部分内容纳入定额费用服务中，不如单独分离出来，设定高一些的价格。实际上，有很多真正具有价值的高价影片和高价书籍并没有纳入定额费用服务中。

只是，对于像亚马逊这样提供定额费用服务的一方而言，如果将这样高价的内容纳入定额费用服务，就会从整体上拉高定额费用服务的价格。因此，也存在愿意稍微多付点钱来获取高价值内容的动向。不管怎么说，是否纳入定额费用服务对于各种内容来说都是很重要的决断事项。

观点

数字内容没有费用限额，价格较为低廉，所以很适合做定额费用服务。今后我们要关注的是，在这一阵容中是否会加入价格相对高昂的内容。

电子货币竞争与货币发行权的自由化

“iPhone（苹果手机）7”上附加了JR东日本的“西瓜卡”电子货币功能。所有乘坐JR东日本[①]的人几乎都持有“西瓜卡”，而将“西瓜卡”功能搭载于领导国际标准的苹果手机上，这实在是件令人愉快的事情。通过和苹果手机等智能手机（触屏手机）以及其他手机连接起来，“西瓜卡”开始可以在车站之外的场合使用了。

我在东京都内经常乘坐电车，当然是“西瓜卡”的重度消费者。最近，“西瓜卡”在出租车和便利店等地方也得到了一些应用。能够使用“西瓜卡”的场所增加了，作为货币使用的“西瓜卡”的功能也得到了相应的强化。不使用现金而只使用“西瓜卡”的习惯已经基本成形。在这个意义上，如果与很多人都离不开的智能手机联动起来的话，“西瓜卡”的使用范围岂不是可以扩大到任何地点吗？真是让人期待。

---

① 东日本旅客铁道，通称JR东日本（JR East），是以日本关东地方、东北地方为主要营运范围的铁路公司。——编者注

“西瓜卡”这样的电子货币今后会如何发展？对于这一点，诺贝尔经济学奖获得者弗里德里奇·哈耶克（Friedrich August Hayek）的《货币的非国家化》（东洋经济新报社，1988 年）中的论点很有助益。哈耶克分析了将由政府和中央银行独享的货币发行权下放到民间实现自由化后，可以期待些什么。铁路、通信、邮政等，这些曾经的国有事业都可以下放到民间。其中也包含作为民营化对象的货币发行权。他认为，如果民间企业发行货币的话，就会产生竞争。这和人们的利益是息息相关的。

的确，货币发行权一直被政府和中央银行独占，产生了不少弊端。由于能够发行货币，政府、中央银行得到了称为“铸币税”的利益。政府想要获得更多的“铸币税”，就会轻易地进行货币增发，导致物价暴涨。而这种独占行为的牺牲者往往就是普通民众。

就像很多产业都不希望被独占一样，货币发行这个“产业”也期待着能够阻止国家的垄断，推行民间竞争。哈耶克的论点就是如此展开的。问题在于，这样的竞争在日本的电子货币世界里应该如何开展呢？从现状来看，很多电子货币通过强化其作为货币的使用上的便利性来开展竞争。“西瓜卡”这样的电子货币在强化其在铁路方面的应用的同时，还发展了其在车站之外的更多的店铺中的使用途径。和苹果手机的合作可以看作是这一发展流程的一部分。

重要的是之后的发展。不断追求其作为货币的使用上的便利性，这在今后还会继续下去。除此之外恐怕也没有什么可以与私人资金相竞争的手段了吧。这不禁让我想起了以积分的形式向客户提供利益的方式。货币的功能被强化后，可能引发新一阶段的竞争。

观点

从现状来看，电子货币还停留在推进货币“使用便利性”的阶段。但是，今后电子货币之间的竞争会加速，这将关系到货币发行权的自由化这个大潮流。

第 2 章

怎么做
才能复兴日本经济？

当下日本经济政策和企业、劳动者的探究

解读日本的经济增长战略

世界瞩目的“安倍经济学”开始施行至今已经过去了 4 年多。其间，日本经济也发生了很大的变化，不过就实现脱离经济紧缩这个目标来说，还只是在半路上而已。当初也有对具有巨大冲击力的日本银行的金融政策极限进行批评的声音。对于停滞了 20 年以上的日本经济而言，可以说迎来了再度探讨重振对策的时期。

本章将针对金融政策提出各种各样的论点。不只是日本在施行大胆的金融缓和政策，欧洲也面临着通货紧缩的危机。为了摆脱通货紧缩，必须施行比平时更加大胆的金融政策，这似乎已经成为了国际共识。

然而，仅凭金融政策并不一定能摆脱通货紧缩。安倍经济学在施行之初射出了“三支箭”，即大胆的金融缓和政策、灵活的财政政策以及唤起民间投资的经济增长战略。重点是，这“三支箭”是同时施行的。

不过，在严格的财政运营中，财政刺激对策能深入到什么程度呢？推进政治性阻力大的改革，难以与经济增长战略相结合，这些问题都是安倍经济学要面对的。

要维持金融缓和政策，财政刺激和经济增长战略能有效运用到何种程度，这些都是今后经济政策的重点。

日本银行在2016年年初首次引入了负利率。虽然一直以来都是重视量，依赖量上的缓和，但是量上的缓和并不能永远持续下去。为了实现长期的金融缓和政策，必须转移到利率政策上来。

2016年9月，日本银行进行了金融政策的综合性评估，强势表明了利率政策的意图。日本银行不仅将政策利率保持在负数水平，还公开表明了将10年期国债收益率维持在0%左右的立场。特朗普确定就任美国总统后，主要国家的长期利率纷纷显现出上升态势，在此形势下，日本银行为防止利率过度上涨而购入国债。

金融政策的动向将会成为备受关注的对象。不过，由于特朗普就任美国总统，全球宏观经济环境将继续发生很大变化。首先能预想到的，是大幅度的日元贬值和股价上涨的趋势。这对于旨在摆脱通货紧缩的日本来说是难得的利好，这样的状况今后是否仍旧会持续，还不是很明朗。但是，与财政金融政策的运行无关，推进经济增长战略的施行才是必要条件。劳动方式的改革，经济合作协定的推进，公司治理的改革，外籍员工的采用等等，经济增长战略面临的课题还有很多。

“涨薪”是日本经济发展的关键

安倍内阁提出了到 2020 年国内生产总值（GDP）达到 600 兆日元的目标。2008 年的雷曼事件中，日本的 GDP 停滞于 500 兆日元的水平，此后则一直处于 500 兆日元以下的水准。仅凭剩下的几年时间达到 600 兆日元的目标显然是很勉强的。

不过，安倍内阁自成立以来，采取了一系列摆脱经济紧缩的手段，名义增速一度转为正数，连续 6 年徘徊于 500 兆日元以下的 GDP 水平，终于在第 7 年超过了 500 兆日元。并且，如果继续保持 3%以上的名义增速，那么 2020 年 GDP 很有可能接近 600 兆日元。当初，安倍政权提出了 3%的名义增速的目标，但要实现 3%的名义增速并不容易。

关键问题在于物价上涨。通过实现物价上涨可以推动名义增速的上升。政府为了快速实现物价上涨肯定会想方设法地“踩油门”。如此一来，薪资的变动就很引人注目了。薪资上涨关系到物价上涨压力。而且，如果物价上涨的同时薪资不涨的话，那么薪资实际上是下降了。

在这样的形势下，日本政府一直在加大薪资上涨的压力，通过明确提出 600 兆日元的目标，薪资上涨的目标也变得明朗起来。如果名义 GDP 以 3%的增长率增长，而薪资不以 3%的增长率上涨的话，那么经济整体所占的劳动分配率就会下降。

安倍提倡“一亿总活跃”，旨在唤起消费，在此基础上很难容忍劳动分配率下降到之前的劳动分配率以下。根据安倍经济学，企业的收益会增加，但是这些收益并不会使民众受益，不过是企业将未分配的利润积累得更多而已，这样就很麻烦了。

并且，自施行以来，安倍经济学的成果在其他地方成了薪资上涨的压力。安倍内阁执政以来，失业率从 4.2%下降到 3.3%，有效求人倍率（就业用人需求和求职人数之比）创下了自 1992 年以来的新高度。如果这种状况继续下去的话，有可能达到泡沫期的高度。另一方面，随着少子老龄化的演进，今后的劳动力规模会继续急速缩小，粗略估算，每年至少也有 1%的缩小率。

迄今为止，日本还从没有经历过这种规模的劳动力缩减状况。企业在上调基本工资和提高奖金方面可能会存在时间滞后的问题，但小时工和兼职等非正规劳动的酬劳却在急速上升。对于零售业和餐饮业来说，它们的劳动成本负担增加了不少。为了应对这一状况，它们必须大力提高附加价值和劳动的生产性。而无法做到的企业会面临被市场淘汰的窘境。

讽刺的是，日本整体劳动力规模都在缩小，那么某种程度的破产和歇业自是不可避免的，这样一来劳动需求也必然会缩小。因此，薪资上涨是今后日本经济的关键，也会成为撼动企业经营的重要原因。

观点

安倍内阁提出到 2020 年 GDP 实现 600 兆日元的目标，要达成这一目标离不开薪资上涨。再加上劳动力市场规模的不断缩小，可以预测日本今后将会持续涨薪。

什么是负利率政策?

——日本银行描绘的未来经济复苏预想图

日本银行下定决心引入“负利率”。因为负利率在欧洲已经实行了，所以日本没有理由不引入这一政策。不过很多专家都认为还没到非要引入负利率的程度。

所谓负利率政策，就是将通常的存款利率设定为负值的政策。对于金融机构来说，这一政策将伴随着大量的成本负担。一直以来日本银行实行的都是金融量上的扩大，大部分基础货币都作为储备金而滞留在日本银行。这样一来，金融缓和效果就被削弱了。

金融机构不应当只是将手头的资金存在日本银行，而应当积极地采取融资等手段将资金用出去。此次采取这样的措施，针对的是迄今为止存在日本银行的、作为储备金的资金，避免按照负利率对其进行处理而采取的“剧变缓解措施”。即便如此，这种负利率的导入会导致金融机构的运营发生什么变化，这个问题还是需要多多关注一下。

此次金融政策的重点是日本银行表现出了绝对要提高物价

的强烈意愿。有观点认为，对于市场来说，除此之外能采取的手段是很有限的。这样的金融政策极限论阻碍了通货紧缩心理的消除。即使是猛药，只要有必要就必须采用。这就是采用负利率政策所传达的信息。并且，如果有必要，还可能进一步强化这一负利率政策。在这之前还有金融缓和的余地。期待这样的信息能够传达给市场。

如果能向适度的通货膨胀方向引导，那么金融政策的效果就会扩散到经济整体。这从今后的经济动向来看是很重要的一点。对于这一点我想做一下说明。众所周知，金融缓和影响实体经济最重要的途径是利率。政策利率另当别论，市场利率很难下降到负值。不过如果通货膨胀率上升到 1%或者 2%的水平的话，实际利率将会达到相当水平的负利率。

长期名义利率的水准也有影响。如果 10 年期收益率达到了 0.3%，通胀率达到了 2%的话，实际利率可达-1.7%。顺便提一下，自 2016 年 1 月末至今，10 年期收益率仅为 0.1%。

如果实际利率大幅下降到负值水平，那么很有可能会刺激住宅投资和设备投资。虽然国民资金大都存进了银行，但是为了避开通货膨胀可能也会出现变化。正如经济学教科书教给我们的那样，金融缓和的效果会通过利率降低而得到扩散。

如今在日本，利率降低指的是“实际利率的降低”，实际利率的降低大都是物价上涨导致的结果。从日本银行的负利率政策来看，不会立刻就使实际利率负值化。不过，今后物价是否会上涨，这是影响日本经济复苏的关键。

观点

负利率政策是期盼物价上涨的日本银行所表现出来的强烈意愿。通过物价上涨达到实际利率的负值化，从而诱发投资行为。这就是日本银行描绘的未来经济复苏的图景。

货币宽松政策、直升机撒钱……

——对日本财政最佳方案的思考

很明显，安倍内阁的经济运营倾向于财政政策。在 2016 年 5 月下旬召开的主要七国首脑会议（G7 伊势志摩峰会）上，财政刺激成为议题。2016 年 6 月初，原定于 2017 年 4 月施行的消费税率上涨决定被延期。当年秋季实施了追加经济政策。2016 年 6 月 24 日，英国的脱欧公投结果揭晓，脱欧（欧盟）派赢得了胜利，世界股市、外汇市场陷入了混乱。日本的经济运营也越来越举步维艰。

那我们该如何看待这些业已扩大的财政政策的讨论呢？对于摆脱通货紧缩来说真的是有必要的吗？日本的财政整顿会成功吗？

为了对这几点进行考察，我们再回顾一下十多年前曾被积极讨论过的“调整通货膨胀论”。泡沫破灭后的日本经济处于十分艰难的境地，为了从这种境地中摆脱出来，有讨论说必须推进适度的通货膨胀。当时的报纸等媒体都在积极地报道，我当时也参加了讨论。

首先要考虑的是，是否可以不依靠财政政策而实现通货膨胀呢？要想摆脱通货紧缩，就必须施行大胆的金融政策。这也是安倍经济学的出发点。不过，单凭金融政策是否足够？针对这个问题并没有进行过多的讨论。

日本银行推行大胆的金融缓和政策，增加了市场上流通的货币量。但是，这些货币的大部分并没有用于消费和投资，最终的归宿无非是被各银行存进了日本银行的支票活期存款①中而已。

虽然金融政策发挥了重要的作用，但是对于扩大需求并没有多大助益。可能也是出于这个原因，日本银行才把目光转向了负利率政策。对于这一政策的成果，目前下结论还为时尚早。但是，抱有“单凭金融政策是否足够”这样疑问的人的确不在少数。

近些年来，专家之间都在谈论被称为“直升机撒钱”的政策。这一概念是诺贝尔经济学奖得主米尔顿·弗里德曼（Milton Friedman）使用的比喻，意思是从空中撒下大量现金的话，物价会上涨，经济应该就会好转。

“直升机撒钱”和现在日本银行实行的大规模金融缓和政策

---

① 支票活期存款：为支付支票或票据而存入的存款，原则上无利息，支取时一定要使用支票或票据。——编者注

相比，哪里不同呢？“直升机撒钱”中，政府发行的国债由中央银行[1]买入并继续持有，政府没有偿还国债的必要。也就是说，国家借的钱由中央银行直接负担，这样就会有财政支出失控的风险。在日本，这样的行为是财政法所不允许的。

不过，与日本银行从银行买入国债并使资金流向银行这种行为不同，“直升机撒钱”中，资金会通过国家以财政支出的形式被立即使用。这一点与现在的金融缓和政策相比有很大不同。

日本银行继续持有巨额国债，这是个大问题。即便如此，“直升机撒钱”依然备受瞩目，因为要想摆脱通货紧缩，重要的是要将金融政策和财政政策结合起来。

释放包含经济增长战略在内的“三支箭”，一鼓作气摆脱通货紧缩。这正是当初安倍经济学的主题。作为第三支箭的经济增长战略固然重要，不过在经济低迷时期，金融和财政这两个“车轮”要同时转动的观点依旧是不容忽视的。

除了金融缓和政策的施行，增加支出以保持需求和供给的平衡也是很重要的。因此，如果实际的物价和薪资上涨的迹象很明显的话，提高物价上涨期待值的金融政策的效果也就显现

① 中央银行：作为一国金融机构核心的银行。——编者注

出来了。

不过，也有很多人质疑财政支出扩大和增税延期会导致财政的动摇。即使有这样的质疑，调整通货膨胀论还是有意义的。在考虑日本的财政健全化问题时，重要的一点是不要把尽快削减财政赤字和压缩日益加大的债务额度这两个课题混为一谈。

国际上，一个国家的财政是否存在严重的问题是通过公共债务占 GDP 的比例来判断的。在日本，这个比例超过了 200%。

作为分子的 1000 兆日元以上的公共债务中，很大部分都是因为泡沫破灭、持续 20 年以上的经济低迷和通货紧缩而积累下来的，想要消除这些债务很费时间。即使每年都能给出 10 兆日元的财政黑字，令公共债务减半也要花费 50 年。而想要每年给出 10 兆日元的财政黑字几乎是不可能的。

如果 3%的名义增长率继续下去的话，那么作为分母的约 500 兆日元的 GDP 在 30 年后大约能达到 2. 4 倍。即使 1000 兆日元的债务（分子）不变，占 GDP 的比例也可以下降到 85%。从这个数值可以看出，名义上增加 GDP 是很重要的。

随着实际增长率的上升，名义增长率也能上涨，这种态势很令人期待。即便实际增长率为 0，只要消费品物价上升 4%，那么名义增长率就能达到 3%。也就是说，适度的通货膨胀有助于降低债务占 GDP 的比例。

还有一个问题是，如何对待当前的财政赤字。2020 年日本政府财政的基础财政收支扭亏为盈的目标的重要性就在这里。如果 2019 年 10 月切实施行消费税率 10%，那么当前的刺激经济财政政策作为具有时效性的政策就会在必要时结束。绝对不能让实行至今的社会保障等领域的改革发生倒退。

最好的情况是，2020 年年末实现日本基础财政收支的顺差（盈利）化，然后进一步缩小财政赤字。同时，平稳实现通货膨胀，稍微提高通货膨胀率，使债务的实际价值（占 GDP 的比例）切实下降。从最后一点来看，调整通货膨胀论很重要。

适度推行财政政策本来就不是一件简单的事。无论是公共投资还是社会保障，政府年度支出的结构一旦松弛，后果将会非常严重。2017 年 4 月日本消费税率如期上涨，那时有观点认为相应地增加政府年度支出也是可以的。也有观点认为，相对于增加政府年度支出，增税延期会取得更好的政策效果。

今后，“直升机撒钱”的观点可能会被经常提起。不过，也要慎重考虑日本银行负担国债的事。我们应当将“直升机撒钱”政策与财政支出和金融政策相结合的政策区别开来进行讨论。

我的抽屉中有面值3万亿元的钞票，是2009年津巴布韦发行的纸币。当时，严重的经济危机引发了急剧的通货膨胀，津巴布韦不得不发行高额纸币。我并不认为日本也会发生这样的事情，但是针对“直升机撒钱”的理论还是有必要正确且慎重地对待的。

观点

安倍内阁的经济运营不仅要考虑金融政策，还必须考虑财政政策手段。这样即使财政状况出现令人不安的情况，也可以经由通货膨胀来解决债务问题。

为什么不能让通货紧缩状态持续下去？

日本银行将实现 2%物价上升目标的时间延后了。2013 年 4 月，日本银行提出两年实现 2%的通货膨胀率的目标。遗憾的是，2015 年通货膨胀率依旧维持在 0%左右。

其实，这期间并非成果全无。2013 年日本银行提出大胆的金融缓和政策以后，物价在短时间内实现了大幅变动。不过，受之后的石油价格大幅下降、世界经济衰退等因素的影响，物价上涨率又开始逐渐下降。

不得不说日本的通货紧缩问题是很严重的。日本通货紧缩的严重程度从日本的名义 GDP 数字中就可以很明显地看出来。名义 GDP 可以理解为货币价值表现出来的日本经济的规模。日本的名义 GDP 在 1997 年达到了最高峰，当时的数值是 523 兆日元。而 2015 年的数值是 499 兆日元，虽然过去了 19 年，但日本的 GDP 还是比过去的最高值低。

从 1997 年开始，日本的名义 GDP 开始逐渐下降，但并不等于经济没有增长。实际经济增长率虽然很低，但是大部分情况下还是保持着正值。不过，因为物价和薪金一直在下降，所以货币价值表现出来的名义 GDP 也在持续下滑。后来受“小泉改革”等因素的影响，在雷曼事件发生之前，名义 GDP 开始一点点上升。随后，雷曼事件和东日本大地震相继发生，名义 GDP 又开始大幅下降，2011 年甚至下降到了 472 兆日元。

2012 年以后，安倍经济学的成果显现，名义 GDP 小幅度持续上涨，但仍未达到过去的最高水平。一直以来，日本国民见到的都是 GDP 低迷的状况，因此他们都抱有强烈的“通货紧缩心理”。很多人都认为，物价和薪金不会这么简单地上涨。因此，物价也一直没有上涨。

遗憾的是，世界上没有短时间内能够消除通货紧缩的灵丹妙药，必须施行摆脱“顽强的通货紧缩现象”的政策。有一部分人认为，保持通货紧缩的现状不好吗？事实上，名义 GDP 持续减少的同时，政府的税收也会不断减少，财政运营将举步维艰。最严重的是，薪金的持续下降会直接关系到日本国民的生活。

通货紧缩的不断持续加深了日本国民对于未来经济发展的不安情绪，他们不得不抑制家庭支出，企业也对投资采取了消极态度。这些都会加剧经济衰退，令通货紧缩的持续时间变得更长。这种状况被称为通货紧缩的“陷阱”，能否从这样的“陷阱”中摆脱出来，是我们需要考虑的关键问题。

观点

通货紧缩持续下去的话，薪金就不会上涨，对于未来的不安情绪就会加深。没有能消除国民“通货紧缩心理”的灵丹妙药，今后仍要实行摆脱“顽强的通货紧缩现象”的对策。

没有什么魔法可以早日削减公共债务

——坚持走摆脱通货紧缩之路

日本的财政健全化涉及以下三个课题：其一，从过去到现在，日本积累了庞大的公共债务；其二，日本目前仍旧处于巨大的财政赤字状况中；其三，由于少子老龄化的演进，预计10年、20年后，日本社会保障的负担将达到峰值。

虽然这三个课题互相关联，但还是要把它们区分开来进行考虑，这是很重要的。仅凭“通过增税和减少政府支出尽快减少财政赤字，扭亏为盈”这样单纯的手段，很难在不影响经济的情况下实现财政整顿。

财政整顿必须有对应的战略。要想应对前面提出的三个课题，必须进行更加缜密的分析。

首先，我们要做好“没有魔法能在短时间内减少庞大的公共债务”的心理准备。庞大的公共债务对于日本经济来说的确是很大的障碍，但也必须暂时面对并适应这一事实。三个课题中，最需要倾注力量的课题是削减财政赤字，令其扭亏为盈。

务必要在 2020 年实现国家和地方的基础财政收支扭亏为盈的政府目标。

关于如何达成“2020 年的目标”，也是众说纷纭。主要都是围绕“树立数值目标，彻底抑制政府支出”这一话题的争论。政府树立的目标是，把基础财政收支，也就是去除国债支出后的政府支出和政府支出的差减少为零。还有人认为没有必要设定政府支出的目标，过于严格的政府支出削减目标很容易削弱经济发展的势头。

其次，从 2012 年安倍内阁执政后的动作来看，税收比预想的要高。摆脱通货紧缩会带来比薪资上涨速度更快的税收增速。我们应该看到，要想切实进行经济重建，达成 2020 年的目标，不仅要在政府支出上发力，还要着眼于基础财政收支的整体动向。正因如此，作为中间点，到 2018 年将基础财政收支赤字占 GDP 的比重缩小到 1%，这样的中间目标就显得十分重要。

通过摆脱通货紧缩，日本经济的态势将发生巨大变化。2008 年的雷曼事件以后，日本名义 GDP 不足 500 兆日元，近几年来都没能恢复到 500 兆日元的水平。但是，如果能实现安倍内阁提出的 3% 的名义 GDP 增长率的话，那么计算下来，到 2020 年，日本的 GDP 可以上升到 600 兆日元。在这样巨大的变化之下，机械性地实施政府支出削减的计划恐怕会比较难。当然，如果抱有“施行严格的政府支出削减政策，再进一步推进财政赤字削减”的想法的话，日本经济应该会真正实现复兴。

要实现2020年赤字削减的目标还存在一个重要的问题，那就是政府支出质量的改善。即使勉强通过削减政府支出实现了2020年的目标，也解决不了之前提到过的老龄化问题。就好像为了期末考试而临时熬夜抱佛脚一样，对提高学习能力并无益处。到2025年，团块世代[①]将超过75岁，而到2035年将超过85岁。为了应对这一状况，必须从现在开始彻底推行社会保障制度改革。截至2020年，如何应对医疗费负担顶峰的“2020年问题”或老年看护需求的“2035年问题”，将会是一大考验。

重症化预防的强化、药品流通的改革、医疗费用的地域性差异的消除、成功案例的横向推广等等，这些由政府实施的策略旨在推进政府支出质量的改革。这样的手段看起来比较迂回，一概进行政府支出的削减实施起来会更简单更容易理解。但是，那样的效果只能延续到2020年，2020年之后就不能保证了。

最后，我们回到公共债务的问题上来。公共债务该如何削减呢？当然，无论何时我们都不能放任现在这种规模的债务持续下去。就像很多人已经注意到的那样，单纯的增税或者削减

① 专指日本1947年到1949年之间出生的一代人，是第二次世界大战后日本出现的第一次婴儿潮人口。——编者注

政府支出的手段并不能轻易地减少债务。现在，日本的财政赤字按单年度算已达到30兆日元的程度了。想要达到10兆日元的黑字是很艰难的。即便达到了10兆日元的黑字，想要将超过1000兆日元的公共债务削减一半也需要花费50年的时间。虽然财政黑字化是有必要的，但找到削减债务比率的方法同样很重要。很多人会想到通过稳健的通货膨胀削减债务的方法，这在今后会是个大议题。

观点

虽然基础财政收支的扭亏为盈很重要，但如果贸然削减政府支出会导致经济进一步衰退，从而无法应对今后的老龄化社会问题。为了削减债务比率，还是应该努力摆脱通货紧缩的困局。

克鲁格曼的冲击性论文和日本银行的“火箭炮”

——对于金融政策本质的思考

日本两次推行的大规模金融缓和政策被称为“火箭炮”，极大地撼动了日本经济。外汇汇率方面，日元兑美元汇率一度超过 120 日元，日元贬值十分严重。股价方面，日经平均指数超过了 20000 日元。在日元贬值的推动之下，日本企业的收益也创下新高。

遗憾的是，“火箭炮”的效果正在逐渐减弱。外汇汇率方面，日元兑美元降低至 100 日元兑 1 美元，日元升值。股价方面，日经平均指数也回落至 16000 日元。企业收益也因为受到日元升值的影响而下降。日本银行于 2016 年年初引入的负利率政策在金融界普遍评论不佳。由于长期利率低下，银行的业绩正在持续恶化。

也许是考虑到这一状况，日本银行在 2016 年 9 月份针对金融政策进行了综合性评估。是时候停住步伐好好考虑金融政策了。

1998 年，保罗·克鲁格曼（Paul R. Krugman）撰写了一篇极具冲击性的论文。论文里描述了在“流动性陷阱”① 下的金融政策应该是什么样子的。虽然金融缓和政策的执行导致了名义利率的下降，但也不至于降到负值。通过调整名义利率很难进一步刺激经济发展。特别是在通货紧缩心理不断蔓延的时候，即使名义利率下降到接近零的程度，实际利率还是会随之达到相应的高度。因此，必须将人们的期待从通货紧缩引导到通货膨胀上来。为此，有必要通过“通货膨胀目标制”这样的方法来酝酿出对通货膨胀的期待。这就是克鲁格曼的观点。

日本银行施行的“火箭炮”政策正是以此为目的的，试图通过两年时间持续购入国债来努力改变市场的期待。而这一举措的确对经济产生了巨大的影响。

对于这种金融政策，我是这样理解的。金融缓和政策分为不同的两个方面：一方面，当前执行的缓和政策，即增加现在的货币量，降低利率；另一方面，明确在将来执行的金融缓和政策。黑田②的“火箭炮”正是兼顾了这两个方面。克鲁格曼解

---

① 流动性陷阱是约翰·梅纳德·凯恩斯（John Maynard Keynes）提出的一种假说，指当一段时间内利率降到很低水平，市场参与者对其变化不敏感，对利率调整不再做出反应，导致货币政策失效。——编者注

② 指日本央行（BOJ）行长黑田东彦。——编者注

释说，如果金融政策达到了这两方面的效果，就能摆脱“流动性陷阱”了。

那么，现在的日本到底处于什么状态呢？有以下几点：第一，本想给市场带来震动的“火箭炮”却数次没能发挥效果。从理论上讲，是可以凭借负利率政策达到摆脱“流动性陷阱”的目的的，但其副作用也很大。因此，有必要仔细调查一下其中的利与弊。第二，从日本的现状来看，大幅度下调当前的利率有很大意义。虽然很难数度引起市场震动并在一瞬间扭转市场期待，但是令金融缓和状态持续下去是有意义的。第三，不能仅仅停留在金融缓和状态，如何将作为“第二支箭”的财政政策和作为“第三支箭”的经济增长战略结合起来，是非常值得思考的事情。

观点

大规模的金融缓和成功地酝酿出了对通货膨胀的期待。但是，其效果并不会永远持续下去，必须在维持现状的基础上将财政政策和经济增长战略结合起来。

应对长期利率低迷、国债枯竭的难题

日本银行于 2016 年 9 月 20 日和 21 日召开了金融政策决议会议，会议上发表了将对施行的金融政策进行综合性评估的决定，受到了市场相关人员和媒体的广泛关注。可能对于一般人来讲，金融政策是一个遥远的存在，但很多人都明白，金融政策会对经济产生巨大影响。

在黑田东彦行长的领导下，日本银行推行了三次令市场震动的政策。其中两次推行的政策被称为“火箭炮”，推动了大规模购入国债的金融缓和进程，试图通过让市场震动来消除“通货紧缩心理”。其效果是很显著的，外汇汇率大幅转变为日元贬值的态势，股价急速上涨。

但是，很难用同样的政策引发数次市场震动。2016 年年初，日本银行采取的第三次金融缓和政策——负利率政策再次引发了市场震动。只是对于这一政策的影响，评价莫衷一是。金融机构等发出了批判声，认为负利率政策会导致利益机会缩小。

金融政策的综合性评估在这样的形势下出现，自然会引起很多人的关注。安倍内阁将摆脱通货紧缩放在了经济政策的中心地位，不可能有回头路了。对于这一点，日本银行应该也是持相同观点的。不过，针对各种弊端对金融政策进行微调还是很有必要的。

上述金融政策会出现什么样的弊端呢？第一个问题是，长期利率会发生异常下降，金融机构的利益结构会变得很脆弱。金融机构处于金融市场的核心位置，如果金融机构的运营日趋严峻，这绝不是一件好事。

如果用专业术语来说，就是收益率曲线过于平缓。收益率曲线反映了从短期到长期的利率高度，如果利率曲线过于平缓，说明长期利率与短期利率一样非常低。

第二个问题是，日本银行大量购入国债，上市的国债持续枯竭。如此一来，债券市场将难以发挥作用。并且，日本银行真的希望保有如此多的国债吗？与财政规律的关系方面也很让人质疑。

这样考虑的话，稍微放慢购入国债的步伐，同时维持金融政策的缓和，为此更加积极地推行负利率政策，这样的做法还是可取的。只是，如果粗暴地贸然放缓购入国债的步伐，恐怕会导致长期利率的急速飞涨。因此，日本银行必须一边与市场保持积极沟通，一边慎重地修正金融政策的轨道。

观点

日本银行的金融缓和政策取得了一定的效果，但是对于金融机构来说毫无利益可言，市场上的国债也几近枯竭。今后必须谋求与市场的合作，修正金融政策的轨道。

解开世人对日本银行金融政策的误解

世人对于金融政策似乎总是存在一些误解。第一个误解是，金融政策对于摆脱通货紧缩来说毫无作用。

这里我并不打算列出多么详细的数据，不过在黑田东彦行长就任前的数年和就任后的三年半期间，从平均数来看，日本的通货膨胀率显著提高了。如果增加货币的发行，股价的下跌就可以止住。只是物价没有像期望的那样上涨，还是显得有些无力。

第二个误解是，金融政策已经达到了极限，再也施展不出其他更好的手段了。

日本银行一直在持续购入国债。有观点认为，要想继续维持这样的情况是很难的，差不多达到极限了。的确，持续购入国债的行为是有限度的。正因如此，2016 年年初日本银行才引入了负利率政策。虽然难以继续购入国债，但是维持低利率还是有可能的。

负利率政策使得日本的利率大幅下降。虽然各大银行和领取利息的老年人对此评价不佳，但是利率下降会大幅减轻很多人因为住房贷款的旧债倒新债（用新借的借款偿还以前的借款）等问题而产生的利息负担。

利率的下降可能会令持有资产的人以及借出资金的银行感

到困扰，但是借入资金的人（主要是年轻人）会感到欢欣鼓舞。

本次负利率政策的推行，也体现了对金融机构的关照。在短期利率上继续保持负利率，在长期利率上则尽力采取措施避免利率过低。金融机构对此能稍微安心些吧。

最重要的是，只有顽强地维持低利率，才能完全从通货紧缩中摆脱出来。日本国内依然残留着很强的“通货紧缩心理”。要想消除这样的心理，我们只有寄希望于金融政策的作用了。

作为安倍政权经济政策的安倍经济学开创了新的发展道路。金融政策、财政政策、经济增长战略，这“三支箭”结合成“一束”发挥作用是很重要的。希望 2016 年 8 月份总结的经济对策和工作方式改革等经济增长战略能和金融政策联动起来共同发挥作用。比如，如果通过工作方式改革提高了薪金，就很有可能引发薪金和物价上涨的良性循环。

观点

日本银行的金融缓和政策对于摆脱通货紧缩发挥了一定作用。要想通过负利率政策维持金融缓和状态，消除“通货紧缩心理”，今后必须推行相应的金融政策。

为什么说软银收购英国企业正当时?

软银以 3.3 兆日元的规模收购英国的 ARM 公司，震惊世人。由于是海外投资，因此对日本的经济没有产生直接影响，但是在“企业投资不振是导致经济低迷的原因”这样的舆论中，如此巨额的投资十分引人注目。

据报道，除了拍卖阿里巴巴等持有股份获得的资金外，软银还与瑞穗银行签订了最多 1 兆日元的借款合同。英国脱欧公投后，英镑价值下跌，在这时进行的投资，可以说是充分利用了史上的最低利率。且不说软银是否预测到了英镑贬值，这种超低利率的环境对于投资的决断十分有帮助，这一点是毫无疑问的。

20 世纪 90 年代，泡沫破灭，背负巨额债务的日本企业苦于调整资产负债表。很多企业因为有过这样的经历，所以会努力压缩债务，尽量在自有资金的范围内进行投资。有些企业甚至不敢在自由资金范围内投资，宁可选择守着过剩的未分配利润，也不肯积极投资。

但是，冷静思考一下，应该不会有企业放着这样低的利率不去利用的吧。能否有效利用低利率，关系到企业竞争力的结果。因而也有一些企业选择通过利用低利率进行资金调度，以此来提升企业价值。

2016 年年初引入负利率政策时，也有很多批判的声音。2013 年，日本银行推行被称为“火箭炮”的金融缓和政策时，市场迅速做出了反应。股价和汇率反应很大，市场的评价也很高，是容易让人明白的政策，也是与“按照预期发挥作用”这样的金融政策的意图一致的政策。只是两次发射这样的“火箭炮”需要花一些时间，在这期间，其发挥的作用在一点点变小。

针对这一点，2016 年年初日本银行引入了负利率政策，这一政策比较难懂。政策引入后，市场也很摸不着头脑。它没有引发与令市场动作一边倒的“火箭炮”政策相同的效果，没有按照预期发挥作用。恐怕这就是导致许多人对负利率政策持否定态度的原因之一吧。但是，此后日本的利率从短期到长期均发生了稳健的、持续的下降，实现了单凭“火箭炮”难以实现的超低利率。

重要的是，这一超低利率是否会作为扩大投资的主要原因而发挥作用？之所以在本文开头举出软银的例子，是因为积极利用低利率的企业并不多。

对于日本来说，需要的不是停滞不前、不积极投资的企业，而是能最大限度地利用史上最低利率这个绝好机会，充分发挥竞争优势的企业。利用低利率能达到什么样的效果，这是企业经营者应该认真考虑的问题。

观点

两次大规模的金融缓和政策，以及随后的负利率政策使得日本的利率少有地处于超低水平。日本需要更多能充分利用这一机会，决心开展巨额设备投资的日本企业。

电力自由化的论点不只有“电费”

——业界重组、技术革新的可能性

电力自由化将给日本的电力系统带来怎样的变化?如果说“正因为难以预测其变化的方向，电力自由化才有必要”，可能听起来挺不负责任的。但是，那正是自由化的本质。

大家都比较关注的是，电力自由化后电费会下降到什么程度。无论是新加入的业者还是原本就存在的业者，都纷纷推出了低价电力服务。

但是，熟悉电力业界的人都明白，即便实现了电力自由化，电费也不会下降太多。实际上，电力成本的大部分是发电成本和送电成本，只要这些成本不下降，那么处于末端的零售水平的电费就不会大幅度地降价。即便的确下降了，也不过是以牺牲利益为代价的结果而已。

熟知业界实情的人对于电力自由化会引起电费下降这件事持有很悲观的态度。不过，这也取决于他们所掌握的“业界实情”到底是什么。熟知现状的人，往往有否定业界的秩序会大大改变的倾向。

航空自由化的历史可作为参考。在航空自由化的发展过程中，专家们都认为即使航空自由化了，航空费也不会下降太多。而实际在初期阶段，美国等国家有很多比较便宜的新型航空公司都在经营几年后破产了，一些旧有的大型航空公司也陷入了经营困难的窘境，反复经历着破产和重建。

但是，20 年后，航空业的状况发生了很大改观。原来提供全套服务的航空公司在全世界重新编成三组，分别构筑了强大的航空网络，强化了枢纽机场的作用，实现了经由枢纽机场高效抵达任何地方的组织结构。

与提供全套服务的航空公司不同，低成本航空公司①采用了完全不同的方法，其发展十分突出，能够实现过去想象不到的低费用运送服务。航空业的发展历史告诉我们，自由化的影响很深远，其结果不仅仅是价格下降，还伴随着业界重组、新加入者及技术革新。

电力方面也是如此，今后可能还会发生各种形式的重组。在发电领域，已经有了东京电力和中部电力合作这样的动向。

---

① 低成本航空公司，又称低价航空公司，主要经营客流量大的短程航线，多在二级机场起降，不提供免费餐点等附加服务。由于经营成本大幅压缩，低成本航空公司的票价一般低于主流航空公司，因而又叫廉价航空公司。——译者注

发电、输配电、零售等所有级别都有可能发生重组。不仅如此，我们还要关注技术革新影响业界发展的力量。原子能发电政策、石油价格的变动、气候变动的对策等，都是可能改变能源结构的因素。

我们很难预测再生能源领域技术革新的方向和速度，今后究竟会如何发展我们也不得而知。因此我们有必要建立一种能灵活、迅速应用技术变化的组织结构。如果能确保灵活地应对和调整，那么电力自由化就是有效的。无论发生什么事都能够灵活应对，能在电力系统中引入这样的组织结构才是自由化的重要目标。

观点

电力自由化并不会立即产生急剧的影响。但是，自由化的影响会很深远，不仅会引起价格竞争，还会伴随业界重组、技术革新等。

关于“消费税增税再延期”优缺点的思考

日本政府做出了推迟两年半上调消费税的决定。那么推迟上调消费税有什么优点和缺点呢？我们来简单梳理一下。

优点在于，能够有效摆脱通货紧缩。安倍经济学的“三支箭”分别是金融、财政和经济增长战略。期待通过这“三支箭”的同时发力，能够达到摆脱通货紧缩的目的。不过，财政政策因为受到财政健全化的制约，无法充分利用。经济增长战略也存在难以立即扩大内需的一面。结果就是形势变得过度依赖金融政策。但是，这种形势是有极限的。过多地推行金融政策，难免会有可能出现副作用的担忧。因此，日本不断出现了更加积极地利用财政政策的动向。G7 峰会上的讨论也很明显地表现出了这一动向。

有人提出，在扩大财政支出方面，可以按照预期增税，在这个基础上增加高于增税部分的财政支出以刺激经济。但是，紧急推行政策扩大政府支出之后，能否维持高质量的政府支出呢？这一点也是很让人担忧的。从以前的经验来看，有不少例子表明，贸然增加政府支出，往往会导致浪费。要想灵活地刺激经济，与其扩大政府支出，不如推行减税的政策，这里的“减税”指的就是延期增税。

延期增税当然也存在很多问题。延期两次的话，很容易让人想到是不是还会出现第三次，这样的想法会让人对财政整顿失去信任。此外，如果延期 1 年，那么 2020 年基础财政收支扭亏为盈的目标不会受到影响，但如果延期到 2019 年的秋天，就很难保证 2020 年的目标作为财政健全化的支柱不会受影响了。

此外，上调消费税与确保社会保障财源是配套的，怎么处理当初计划的增强社会保障财源的问题呢？

延期增税对于日本国债的评级也是有影响的吧。不过，只要日本银行的金融缓和政策持续下去，国债利率就很难立即暴涨。除此之外，还有人认为增税延期、财政赤字增加会进一步加大公共债务。但是，关于这一点还是不要考虑得太单纯为好。

如果不能成功摆脱通货紧缩，债务就会继续膨胀。这是过去 20 年我们已经经历过的。只有引导物价稳定上升，才能增加税收。也有观点认为，如果物价能持续上升，那么债务的实际值应该也会减少。虽然会有各种各样的问题出现，但是要走上财政整顿的道路，就必须全力以赴摆脱通货紧缩。

观点

消费增税再延期是积极利用财政政策的表现。虽然对于财政健全化和社会保障费的财源问题还存在不安情绪，但可以把消费增税再延期看作是以摆脱通货紧缩为先的对策。

“Silver Politics”和未来一代的负担

——1000 兆日元的债务该如何把握？

日本政府背负了 1000 兆日元以上的债务，这将给后代带来巨大的负担。

不仅如此。老龄化的演进使得政府的社会保障支出一直在增加，但是消费税却一直没有上调。结果就是政府的财政收支一直保持赤字状态。这些都将成为遗留给后代的负担。

少子老龄化的演进意味着参与选举投票的人中老年人的比例会增加。如果改革会削减作为自己生活基础的社会保障费用，那么老年人肯定会强烈反对。所以，即便是政治家也不能强行提倡社会保障费的改革。这样的现象被称为“Silver Politics”。

现实中，我们并不清楚“Silver Politics”会在日本发挥多大的作用。在老年人中，有很多人都说担心自己的子孙辈一代。现实的政策和制度的内容有很大部分是优先考虑老年人的，牺牲了后代的利益。

英国的脱欧公投中，老年人中投票赞成脱欧的人很多，年轻人中投票赞成留在欧盟的人很多。令人印象深刻的是，选举后，有年轻人在电视采访中表示，“我们的未来受到了伤害”。

那么，日本真的给后代强加了很多负担吗？这个问题在经济学界也有很多争论。

著名经济学家阿巴·勒纳（Abba Ptachya Lerner）曾经意味深长地说：“你们的父辈正在给子孙留下什么资产，又留下什么负担（负债）呢？”

政府背负的1000兆日元以上的债务无疑会成为留给后代的负担。政府的债务有各种各样的计算方式，在此姑且算作1000兆日元。如果把这些债务平均到每个人身上，那么每人大约会承担800万日元的债务。这是个不小的负担。

但是，除了1000兆日元的债务之外并不是什么资产也没留下。虽然大部分医疗和养老看护方面产生的财政赤字都不会给后代留下什么好处，但是在道路和教育等方面使用的金钱会作为资产留给后代。因为有必要考虑这部分资产，所以单纯作为债务来看待1000兆日元有些片面了。我们必须减去道路等资产部分之后计算出净公共债务，再来做评估。从净公共债务的角度来看，留给后代的负担会减少很多。但是如何评估资产呢？这个问题有些困难。

现在我要谈的不是这个问题，而是老年人那一代留给我们的庞大的金融资产。大家的父辈或者祖父母辈去世后，会给大家留下什么呢？一方面，根据计算结果，留下了每人约 800 万日元的公共债务。但是，如果他们还以存款或者不动产的形式留给了我们 2000 万日元的资产的话，那么二者相减，我们还可以得到 1200 万日元的资产。当然，对于父辈什么都没有留下的人来说，就只剩下大约 800 万日元的公共债务负担了。留下的资产债务有多少，这个问题的答案因人而异。

所说，从日本人整体来看，个人金融资产约有 1700 兆日元。因为目前这一代留给后代的资产要多于负债，所以从整体来看，留给后代的金融资产比后面留下的政府债务要多。实际上，日本政府放出的国债中，大部分是从日本人的存款和保险中获得资金的。也就是说，持有日本国债的几乎都是日本人。

话虽如此，也不能放任债务累积。今后数十年，必须下定决心减少如此庞大的债务。如果放任不管，那么将会给后代带来巨大的负担。

造成最严重负担的是财政崩溃。这种形势下，可能会导致严重的恶性通货膨胀。若真是如此，会非常难以应对经济混乱的状况。

财政健全化进一步发展的话会好一些。比如，推行增税政策，大幅削减社会保障费等。不过，这种情况下，需要在很大程度上增税和削减政府支出。这样一来就会加重贫穷阶层的负担。富裕阶层则会间接持有国债。实际上就是用贫穷阶层负担的财政资金来偿还富裕阶层持有的国债。

能想到的最温和的调整就是稳健的通货膨胀了。即便如此，还是有必要推行减少财政赤字的财政健全化，通过稳健的通货膨胀一点点地减少公共债务，这样的方式下，国民的负担感应该是最小的。虽说是“稳健”的通货膨胀，但好几个百分点的通货膨胀率带给人们的影响还是不小的。

为了让年轻的一代能够从容应对将来稳健的通货膨胀，我们仍要持续关注包含通货膨胀在内的经济动向。

观点

少子老龄化使得日本逐步转变为优先考虑老年人的社会。必须打破这种趋势，减少留给后代的负担。

将企业引向正确经营轨道的公司治理改革

——日本企业会改变吗？

不知道大家是否了解日本一直推行的公司治理改革？关于公司治理的知识，可能有些读者并不怎么了解。这是一个较为专业的话题，对于日本来说也是一个十分重要的改革课题。

公司指的是企业。治理也可以理解成“统治”。简单来说，公司治理指的是精心构建统治（管理）企业行动方式的组织行为。企业，特别是大企业的经营不仅会关系到与企业有关的人，还会影响到区域内的很多人。要想推行正确的经营，必须从外部对企业经营进行监督。不仅要监督，还要采取一些将企业经营引导到正确轨道上的手段。

三菱汽车的排气信息造假事件直接打击了该公司的经营。结果，住在该公司的工厂所在地——冈山县仓敷市水岛的企业相关责任人及其家族、客户也都受到了很大影响，引人担忧。这种情况很容易演变成区域整体的问题。为了避免发生类似问题，必须在日常工作中进行监督，防止错误经营。

公司治理改革的核心是引入外部董事人员和审计人员。让外部人才监督本公司是否执行了错误经营，同时对本公司内部经营提出建议。

某次会议中有人提到，以前有一家由一个人管理的公司。这个管理者的爱好是哼唱短歌。这样一来，公司职员全都唱起短歌来了。并不是说哼唱短歌不好，只是大家都是看见管理者这样做，为了投其所好才跟着一起做的。不久，该公司因盲目投资而破产了。投资失败的原因并不是短歌，而是公司内部实行个人独裁管理，管理者我行我素，导致内部职员不敢对管理者说“不”。

最近公司治理方面发生了一件事，让媒体哗然。那就是Seven&I 控股公司会长的辞职风波。一手将 7-ELEVEn 打造成大企业，被尊为业界翘楚的会长想免去一直在提升业绩的现任社长。对于这一行为，公司外部董事都说了“不”，在董事会上否决了会长的提案。会长受此影响决定辞职。

在这一事件当中，会长的行为是否正确我们不得而知，我也不想在此妄下论断。不过，被称为零售业之父的人物却被人说了“不”，这件事情应该引起我们的注意。企业经营暴露于外部严格的监督之下，一旦经营举措不善就会被反对，这才是公司治理的重点。

企业行为是否走向了错误的方向呢？或者说，是否走向了一味自我保护，而不再积极进行投资的方向呢？在应对环境问题以及对待职员方面是否出现了奇怪的问题呢？对于这几点，外部的质疑往往能推动企业向好的方向发展。

观点

企业经营会给很多人带来影响，因此必须监督企业以避免不正当经营。重点是引入外部董事人员和审计人员，创建一个关键时刻能说“不”的环境。

人手不足时代的商业模式

人手不足给零售业和餐饮业的现场带去了什么样的影响呢？因为我比较在意这个问题，所以一有机会就会去询问企业的管理人员。一家超市的管理人员表示，东京都内的山手线沿线附近的店铺哪怕给出 1500 日元的时薪也很难招到人。埼玉和千叶等郊外的店铺给出 900 日元的时薪尚且可以招到人，但是今后的状况会比较严峻。

在地方都市，某区域新开张了一家大型购物中心，据这个购物中心的管理人员介绍，由于这个区域发布了不少小时工和兼职的信息，所以这个区域的小时工的时薪一口气上涨了 150 日元。

从这些行业的状况来看，的确受到了不小的影响。有效求人倍率达到了自 1992 年以来的最高值，已经接近泡沫经济时代的水平了。高知县的有效求职人倍率一直在逐渐向 1 靠近，随着人手不足状况的恶化，最终真的变成 1 了，这在当地引起了不小的骚动。

这样的动向并不是暂时的。如果不采取相应的对策，到

2020 年日本的劳动供给量会缩小 5%左右。

在这样的情势下，安倍内阁提出薪资每年上涨 3%的目标，还明确表示会大幅提高最低薪资。从管理者的立场来看，可能这并不算什么好消息，但要真正复苏日本经济，这一举措是必不可少的。可以预料的是，今后物价会开始上涨，薪资也必须上涨 3%左右，如若不然，劳动者的实际收入就减少了。

企业管理者必须重新认识到，现在正迎来时代的大转折点。摆脱通货紧缩时代的商业模式会和以往完全不同。在通货紧缩的时代，价格破坏是商业成功的秘诀。通过雇佣廉价劳动力扩大事业的时代已经终结了。

以后，薪资上涨应该会是常态。企业必须建立起不再通过降低价格来增加销售，而是通过提高产品附加价值来提高产品价格，并且不会使得销售额因此而减少的商业模式。或者，也可能存在即便销售额减少，依旧可以确保利润的商业模式。

流通业可以说是最能应对变化的行业了。发展壮大能应对社会大变化的部分，淘汰不能应对的部分，这一原则特别适用于这个行业。正在兴起的摆脱通货紧缩的动向，可以说是百万吨重量级的结构变化，而且绝不是暂时的变化。能应对这一状况的，绝不是简单的价格上涨。

在人工费增长和人手不足的常态下，怎么做才能确保服务质量呢？能否提供让顾客满意的附加价值，令其接受价格上涨呢？我们必须从这些角度综合性地分析商业模式。

观点

在人手不足的状况下，今后的商业模式必须从通过廉价劳动力进行价格竞争的模式，转变为通过提高商品或服务的附加价值来区别化应对的模式。

日本雇佣的“内部”和“外部”的差别

安倍内阁一直在推行“同工同酬”。如果做的是相同的工作，那么无论是正式职员还是小时工都应获得相同的时薪。这样考虑似乎很合理，但与现实的薪资结构十分不符。很多工种的小时工或者兼职的时薪比正式员工低很多。

当然，这种状况和日本的雇佣习惯——终身雇佣制和年功序列制有很大的关系。年功序列制下，在公司工作的时间越长就会得到越高的工资，哪怕做的是相同的工作。这与“同工同酬”的理念背道而驰。

日本的雇佣习惯作为战后支撑了日本经济增长的组织手段，发挥了重要的作用。即使是现在，这样的习惯也在各种意义上存在一定合理性。正因如此，这一习惯才能延续至今。不过，近年来这一习惯所存在的问题也以各种各样的形式表现出来了。

日本的雇佣习惯导致劳动市场出现了二重结构，也就是终身雇佣制形成的“内部”和终身雇佣制之外的“外部”之间产生了差异。劳动力市场中存在的“内部”和“外部”的问题在欧洲也引起了讨论。

企业对于雇佣正式员工比较慎重，因为一旦雇佣就不能轻易解雇。在欧洲，很多年轻人因为没办法转为正式员工而失业，这使得欧洲的失业率很高。虽然日本没有达到欧洲那么严重的程度，但是经济低迷会导致很多人找不到正式工作，出现因职业生涯不顺而进入就业冰河期的一代人。

对于企业来说，现在的制度存在比较严格的解雇限制，而这一制度并不一定是好的。如果能让解雇变得稍微自由一点，那么就能积极地吸纳新人才了。

日本国民一直在谋求更加多样化的劳动方式，这也促进了日本雇佣制度的变革。在人生的各种舞台上，要想使各种灵活的劳动方式成为可能，进一步实现生活工作的平衡，必须重新审视压低短期员工薪金的做法，因为它并不是一件好事。如果国民期待多样化的劳动方式，那么只有那些能够积极地接纳多样化的劳动方式的企业可以更有效、更充分地利用到多样化的人才。

现在，劳动力不足的问题凸显，正是实现“同工同酬”的绝好时机。被年功序列制所束缚的“内部”劳动的部分在上调基本工资等方面没有享受到充分的薪金上涨。与之相对，越来越人手不足的短期员工，薪资却在继续上涨。有些企业感受到了确保人才的危机感，这些企业将小时工的待遇提高到了正式员工的水平，同时大幅提高了小时工和兼职的薪资。

这样的动向不仅出现在了部分大企业，如果能进一步扩散到日本经济的整体范围，那么距离实现“同工同酬”的目标也就不远了。为了加速这种变化，必须进行让短期员工也参加社会保险的改革以及 103 万日元的税收限制的改革。

观点

日本的雇佣习惯助长了正式员工和非正式员工的差别待遇。现在是研究“同工同酬”的好时机，应该加快社会保险、税制方面的共同改革。

明明可以继续工作却不工作

——女性小时工和 130 万日元的壁垒

130 万日元壁垒的存在是严重制约小时工劳动供给的主要原因。如果一个家庭中，丈夫是公司正式职员或者公务员，而妻子的年收入不到 130 万日元，那么妻子就会成为丈夫的健康保险所扶助的对象，不必负担健康保险费就可以参加健康保险了。

公共养老金也是如此，妻子作为国民养老金的第 3 号被保险人，不必负担保险费也可以在将来领取养老金。有些企业会支付家庭补助金，领取补助金的必要条件之一就是妻子的年收入在 130 万日元以下。

在餐饮业和零售业，做小时工的女性贡献很大。做小时工的人中，很多人都不想超过 130 万日元的壁垒。因为如果超过了就要自己负担社会保险费，并且也不能领取企业的家庭补助金了。很多日本女性在年末觉察到可能会超过 130 万日元的年薪限制时，会减少上班时间以避免超过这一数额。为此，一到年末总会有一些管理者抱怨人手不够。

130 万日元的壁垒很容易造成在薪资上涨的同时劳动时间也

相应减少的现象。因为如果时薪上涨了，考虑到全年收入不能超过 130 万日元，很多人就必须减少劳动时间。最近，由于人手不足，小时工的时薪急速上涨。受 130 万日元的壁垒限制，小时工们的劳动时间缩短了。这样一来，劳动力不足的感觉就更强烈了。

130 万日元的壁垒在 2016 年 10 月下调到了 106 万日元。据说适用对象约有 25 万人，针对满足一定条件的小时工，106 万日元以上的年收入者也会被纳入参保对象。对于一心想处于壁垒内侧的小时工主妇们来说，很容易倾向于进一步缩短劳动时间。

要想促进女性们参加工作，130 万日元或者 106 万日元的壁垒都必须废除。政府也一直在研究对这一政策的修正。不过，税制和社会保障制度的改革是要花费一些时间的。因此很遗憾，改革的速度会比较慢。

令人困扰的是，改革没有什么进展的情况下，依赖小时工的工种陷入了人手不足的困境。很多餐饮业主和零售业主都因为小时工短缺而深感困扰。而将 130 万日元的壁垒调整为 106 万日元，又会导致约 25 万人受限，人手不足的情况将会更加严重。

政府必须出台紧急措施，让小时工们不受 130 万日元或者说 106 万日元的壁垒限制。如果能选择更长的劳动时间，就能增加小时工们的收入，减少人手不足给企业带来的困扰，增加小时工们将来能拿到的养老金数额。

超过 130 万日元的年收入会被收税，这样的壁垒限制了人们的就业行为，必须出台一些政策来废除这一壁垒。没有这个壁垒，很多人参与劳动的时间会增加。而更多地参与劳动又能使收入、养老金、劳动供给都得到增加，可谓皆大欢喜。

观点

收入壁垒以及人手不足导致的薪资上调，造成了劳动力不足更加恶化的现状。必须废除这样的规制，增加收入、养老金和劳动力供给。

第 3 章

支撑日本经济增长的本土战略和全球战略

“企业”“地方”“人才”等视点

全球化和日本的出路

少子老龄化社会下的日本经济，面对的是人口规模不断缩小的困局。要想实现市场的扩大，必须将目光投向外面的世界。

如果把目光放在近邻的亚洲各国，会发现这些国家由于中间收入阶层增加了，因而消费市场也在急速扩大。调查显示，过去 10 年亚洲的中间收入阶层增加了大约 8 亿人，今后 10 年可能会进一步增加到 10 亿人。也就是说，将会有这么多人从贫穷阶层中脱离出来。

在目前的经济状况下，新兴国家的经济正陷于苦战中。亚洲各国都无一例外。不过，从中长期来看，亚洲很多人都脱离了贫困，消费热潮正在兴起，这一点是毋庸置疑的。对于日本来说，这是个绝好的机会。

日本的消费品制造商已经开始了积极迈向亚洲市场的脚步。纸尿裤、化妆品、加工食品、服饰等，这些由日本企业提供的消费品在亚洲市场得到了很高的评价。与欧美国家相比，日本在距离上更接近亚洲市场，这是很有利的条件。

安倍内阁推行的观光战略更是让人觉得地域经济与亚洲各

国的经济增长不无关系。2012 年，访日外国人数量为 850 万人，而现在访日外国人数量已经超过了 2000 万人。对于很多国家来说，观光旅游业是重要的产业，日本也不例外。特别是对于地域经济来说，观光旅游业可以促进当地农业和该地域特色产品的销售，从这一点来说更是具有重要意义。

随着特朗普总统上台，日本主导的 TPP（Trans-Pacific Partnership Agreement，跨太平洋伙伴关系协议）的后续发展变得不甚明朗。虽然难以预料今后的发展，但是日本也只能继续顽强地保持与美国的协商关系了。

不过，与实现这样的跨太平洋经济合作协定不同，在实体经济方面，亚太地域的分工更加明确了。日本企业也意识到了这一趋势，纷纷加快了海外的发展。

日本企业之所以积极投资海外，是因为在经济全球化的形势下，必须维持日本的竞争力。但是，与日本对外投资相应的海外对日投资却没有什么进展，这是个大问题。如何促进海外对日本的投资，这对于日本来说是个很大的政策课题。这一课题不仅仅是国家层面的问题，对于地域经济来说也是个大问题。

无论如何，以全球化为突破口好好考虑一下日本经济和社会的性质是很重要的。本章将针对老龄化导致的劳动力不足和外籍劳动者的问题、农业改革和农产品出口的可能性问题、全球化对流通现场的影响等方面的问题进行探讨。

丰岛区不花税金就能建设政府办公楼

日本经济整体都处于停滞状态。受安倍经济学的影响，股价和外汇汇率发生了波动，但重要的消费和投资方面的变动不是很大。少子老龄化以及人口减少使得很多日本企业对于在日本国内投资这件事犹豫不决。投资没有增加，日本的经济自然也无法复苏。

为了促进民间投资，日本全国各地都兴起了针对在公共设施投资领域吸纳民间资金的研究。下面列举几个具体事例来进行说明。东京都的丰岛区由于政府大楼年代久远，亟须重建。政府大楼所处地段是当地最好的，但是要想从税金中抽出部分资金来重建政府大楼比较困难。

因此政府考虑从民间吸纳资金。具体方案是利用民间资金在政府大楼原址建设高层建筑，其中一部分楼层作为政府办公场所。被吸纳资金的民间企业可以通过租赁剩余楼层部分来回收投资资金。我虽然没有调查过具体方案，不过据丰岛区的负责人介绍，完全没有使用区内的资金就建成了政府大楼。不仅如此，因为丰岛区的最好地段建起了比以往更大的建筑，所以吸引了更多人出入。也就是说，这种方式能够让整个街区更具活力。

机场的民营化也得到了发展。大阪的关西国际机场、伊丹机场将40年以上的经营权以超过2兆日元的金额卖给了日本的金融公司欧力士和法国的机场运营公司万喜机场。如此一来，不仅机场的借款会全部偿清，民间也更加期待新的机场经营会使机场更具活力。

机场的民营化扩展到了日本全国。仙台机场也将机场经营权卖给了东急集团以及前田建设。与这一举动并行，出现了很多相关报道，如全日空旗下的廉价航空公司——乐桃航空公司将仙台机场作为航空网络的据点之一的动向，以及将仙台作为枢纽启动当地航空事业的航空公司的动向等。

我曾有幸在札幌与北海道厅的相关工作人员进行了一次非正式的谈话。当时，我们也谈到了北海道的机场民营化。提到除了要灵活利用现有的公共设施，还要通过吸引民间投资来达到一石二鸟的效果，这一点很让人期待。

一个地区最好的地段往往会集中很多的公共设施，如政府大楼、学校、公务员住宅、医院、图书馆、机场等。很多这样的设施都迎来了必须改建或重建的时期。并且，如果有更多的民间智慧和资金涌入的话，更能刺激当地经济的灵活发展。

要怎么做才能避免大量动用税金，最大限度地吸纳民间资金呢？这就需要列出区域的公共设施，开始进行研究了。在这些设施中，很多都是在战后的经济高度成长期建立起来的，十分老旧。我们需要将比较分散的设施集中建设在街区中心位置，建立起紧凑型都市。从这个角度来看，设施的重建也是很有必要的。这些设想都需要通过最大限度地运用民间的智慧和资金来开展。

观点

为了充分唤起民间投资，日本全国采取了在公共设施建设中吸纳民间投资的手段。通过这样的手段可以在不使用税金的情况下引导地域经济更具活力地发展，从而达到一石二鸟的效果。

优衣库、大创、似鸟……

——创始于地方的零售业大获成功的原因

在东京大学经济学部的似鸟公益讲座上，我有幸聆听了似鸟当时的社长似鸟昭雄的讲话。这次讲话加深了我对于该企业能够连续保持28期增收增益业绩的理解。似鸟社长对学生的提问都会充满热情地一一回应，更是让我们看到了流通业应有的姿态。

一名学生问道：“为什么很多成功的零售业都是出自地方呢？”这个问题触动了似鸟社长。这场公益讲座由于汇集了北海道出身的似鸟、广岛出身的大创产业等创始于地方的经营者的讲义而令人瞩目。经营着优衣库等品牌的迅销有限公司是创始于山口的企业，美国最大的零售商沃尔玛创始于美国阿肯色州。

“因为地方购买力较弱，这样的环境下，地方出身的小企业往往会将成本削减执行得更彻底，因此与受到太多恩惠的大消费圈——东京的零售业相比，地方出身的小企业潜力更大。”似鸟社长如是说。此外，从北海道将业务扩展到本州时，似鸟最开始会为了避开大都市而选择在茨城县的胜田周边设立分店。

当时的想法是，与其在拥有大量需求的市场开展竞争，不如先在小商圈一试身手。不过，这样也没有获得什么了不起的成果。

但是，经历了种种情况后，似鸟终于在 1998 年于东京的南町田设立了分店，并且实现了以往任何分店都无法比肩的巨大销售额。这是因为在拥有如此巨大需求的地方开设店铺后，一直以来经历了重重磨砺的似鸟终于得以将潜力充分发挥出来了。以往，似鸟是以每年增设 2 家分店的速度进行扩张的，而以东京南町田分店的业绩为契机，似鸟以每年增设 10 家以上店铺的速度进入了急速增长期。

听着似鸟社长的讲话，我不由得想起了一件事。那是很久以前的事了，在某家杂志的谈话栏目中，当时松本清的副社长讲了这样的话。该公司在常盘线沿线开了一家小药房，后来又在东京—上野站的阿美横町附近开了店。店铺的租金很高，与以往在常盘线沿线所开的店铺不同，他对于是否能获得利润不是很自信。据说在作为常盘线起点的上野开店，即便不能盈利也具有纪念碑式的意义。

令人吃惊的是，店铺开张之后客人多得超乎想象。上野是山手线、京浜东北线、常盘线、高崎线、京成电铁等都会停靠的站，乘坐这些线路的学生以及公司白领人数十分庞大。因此，来店购物的顾客数量也十分庞大。

结果，这家店铺大大改变了药妆店的经营格局。之后松本清又在首都圈接连开设了数家大型店铺，其他店也都在努力追赶。对于零售业来说，选址具有十分重要的意义，以上所列出的就是很好的事例。似鸟的成功也是如此。南町田店经营成功之后，似鸟开始制定以大都市的大商圈为目标的发展战略。似鸟如何通过选址获得后续发展，我们拭目以待。

观点

地方出身的零售业在购买力薄弱的环境下能够更加彻底地贯彻良好的经营理念，出现了不少颇具潜力的企业。这种潜力大多会成为在大都市选址、获得飞速发展的契机。

为什么人们都把目光瞄准南方？

——冲绳旅游观光业成功的秘诀

相隔一年后我得以再次拜访冲绳。虽然冲绳仍旧存在基地问题等比较难以解决的政治问题，但还是让人感觉其经济比其他地区更有活力。冲绳的人口增长率也是日本最高的，小孩子比较多，不过据说这里也有不少人是从其他府县移居的。位于那霸中心地段的公寓以及高级度假设施，都是东京或者亚洲富裕阶层的第二住所。

支撑冲绳经济发展的重要产业是旅游业。那霸机场有很多包机以及廉价航空的飞机从中国台湾地区以及韩国飞抵，为冲绳带来了大量的旅客。从日本本土过来的客机也几乎爆满。此外，还有好几艘从中国大陆来的，能容纳 3000 人甚至 4000 人的大型客船抵靠冲绳码头。能容纳 4000 人的客船一旦靠岸，就会有大约 150 辆巴士分运旅客，将其带到购物市场扫货。

最近来冲绳的不仅仅是低成本购物的旅客了。住一晚最低花费 10 万日元的高级宾馆也接连开业。一部分富裕阶层的旅客会从那霸机场乘坐直升机抵达位于名护市的高级宾馆。

与三天两晚的走马观花式旅游不同，一部分亚洲的富裕阶层旅客会住在这里的高级宾馆，悠闲地在沙滩享受近一周的休假。由于有这样的富裕阶层旅客存在，高级宾馆得以接连开张。为了使旅游业更加繁荣，保持高级宾馆和面向大众的普通宾馆的平衡是很重要的。这也就是所谓的“山越高地越阔”的现象。如果去往欧洲一流度假胜地，肯定会有高级设施。在富裕阶层旅客享用的度假胜地，还会存在很多高品位的饭店。以这些高级设施为核心，度假胜地的整体印象会更上档次，也就更加吸引普通的观光客了。而普通的观光客所形成的需求将会支撑整个区域的经济。

通常 2 月是观光旅游业的淡季。在冲绳，这个时期往往会开展很多职业棒球团队的训练营活动。据说很多球迷和媒体会追随这些训练营纷纷涌入冲绳。来这里开展训练营活动的不只有日本的职业棒球队，据说还有韩国的职业棒球队。对于韩国的球队来说，韩国比日本本土寒冷得多，在冲绳举办训练营活动是最理想的。

除了职业棒球，一些足球队也会来这里举办训练营。据说还有业余棒球队来办训练营的。充分利用 2 月这个淡季来开展训练营活动，对于旅游事业来说是个非常强有力的手段。

冲绳的位置和夏威夷有几分相似。夏威夷在美国的端部，是作为美国本土的度假胜地发展起来的。但是，从某个时期开始，以日本为代表的亚洲各国的观光人数开始增加。这得归功于夏威夷的位置正处于亚洲与美国本土之间。

冲绳也是如此。冲绳地处日本本土的端部，气候温暖很适宜度假，对于日本人来说是非常有魅力的存在，对于中国人与韩国人来说亦是如此。作为日本本土与亚洲之间的度假胜地，冲绳的未来前景十分光明。

观点

冲绳的观光旅游产业十分兴旺，秘诀就是保持了高端度假与大众化度假服务的平衡。而冬季训练营和亚洲的观光客也有很大的需求。冲绳的未来很有希望。

前所未有的大改革取得成功！

——丸亀町商业街的盛况

每次去四国的高松市，我都一定会去一趟丸亀町商业街。商业街上人潮涌动，熙熙攘攘，这样热闹的场面能让人的心情非常愉快。地方都市的中心商业街大多冷清，而丸亀町的商业街却是个例外，十分热闹。据说有很多人都会来这里考察。前几天，听当地人提到这条街曾经也十分冷清，甚至陷入过难以为继的局面。但正是以这种危险的局面为契机，当地居民团结一致发起了一场大改革。

在日本全国，无论哪里的商业街，开店的都是土地所有者，这给商业街的发展造成了不少负面影响。比如，开设的店铺比较过时，或者很多店面因难以为继而关门大吉。

商业街应当随着时代的变化而做出改变，其整体应当能够提供必需的商品及服务，必须进行整体上的调整。购物中心和百货商店整体上的调整，可由设施的运营商来进行。而店铺的调整才是设施得以存续的重点，这样说一点也不为过。

可惜的是，很多商业街并没有进行这样整体性的调整，因而店铺大多过时，丧失了魅力。各个土地所有者的自我意识导致了整体协调的失败。

丸龟町商业街在这一点上进行了大刀阔斧的改革。简单来说，就是土地所有者将店铺作为房产租赁出去。商业街的管理机构将店铺进行整体上的统计，租赁给新的租户。理论上来说，原来开店的人也可以通过租赁店铺来延续店铺的经营，不过实际上原来的店铺几乎都没有留下来。夸张点儿来说，整个商业街彻底改头换面了。

经历了这场大“手术”后，丸龟町得到了重生。这里的街道规划和商店规划也考虑到了老年人的需要，因此也有很多老年人来这里购物。结果，商业街的附近建起了很多公寓，很多老年人都选择搬到这里居住以享受便利和舒适的环境。原本这里的选址就是都市中心附近，因此有很多政府办公场所、银行、医疗以及看护机构也设立在这里。无论对于老年人还是年轻人来说，这里都很方便，适合生活。

在日本，不管哪个町都面临着人口减少的问题。经济活动向中心城市集中、城市的紧凑化都是有必要的。理想状态是，在步行就可以到达的区域内，设立一整套生活必需的设施机构。如果商业街还停留在过去的发展模式下，肯定是达不到理想状态的。

为了满足时代变迁的需要，承租人开设的店铺必须是容易实现更替的店铺。为了活跃区域经济，必须规划好商业统合。统合后的结果，绝不能是落后于时代的老掉牙的商业街，而必须是能随着时代变化而不断变化的商业街。

观点

丸龟町商业街通过进行店铺的整体更替而取得了发展盛况。结果，以商业街为中心，整个街区都得到了重新开发。今后，商业街还需要维持能随时代变化而不断变化的体制，这是很重要的。

全球化改变海外企业的对日投资

夏普与中国台湾地区的鸿海精密工业签订了收购合同。鸿海出资 3888 亿日元，这在海外对日本的直接投资中是最大规模的。这项投资是否成功还得看今后两家公司的经营，不过我们不应该只从微观的角度来看这种个别投资行为，而应该从日本接受海外直接投资行为这种宏观角度来看待这个案例。

在很多发达的工业化国家，直接投资是双向的：对海外大举进行投资的同时，也从海外吸纳大规模的投资。一般来说，出口增加的同时也会增加进口，如果对外直接投资增加了，那么也会增加对内直接投资。为什么直接投资要具有双向性呢?因为各国的优势领域和资源是不同的，企业要想充分利用各国优势和资源自然需要进行双向投资。

从这个意义上来说，至今为止，日本的状况有些异常。日本对海外的投资已经具有相当规模了，但是海外对日本的投资却异常地少。从日本 GDP 来看，对日直接投资的累计额几乎是世界最低的。虽然日本政府也推行了一些鼓励扩大对日直接投资的措施，但这些举措的力度还有待加强。

日本要想复苏经济，增加海内外对日本的投资是很重要的。安倍经济学一直希望能促进手头资金充裕的企业增加国内投资。可惜的是，企业对于海外企业并购等投资十分活跃，但是对国内投资却很消极。在这样的形势下，关于日本企业为何不看好国内投资这个问题，日本国内也开展了不少讨论。考虑到全球经济的现状，我们还是应该鼓励日本企业扩大对外投资的。我们应当关注的问题是，日本对海外的投资相对要多一些，而海外企业却不对日本进行投资。如果海外对日本的投资与日本对外投资规模相当的话，那么日本经济就处于比较理想的状态了。从这个意义上来讲，对于日本来说，扩大对日直接投资是个重大的政策课题。

那么，要怎么做才能增加对日直接投资呢？从日本政府一直以来推行的各种政策列表来看，有很多都是必须执行的。比如，配备能方便海外企业和外国人在日本活动的基础设施，精简可能成为投资障碍的规制和行政手续，促进地域投资活动的开展等。除此之外，还有很多其他必需的对策。

在此基础上，必须充分认识到直接投资并不是单独执行的。在跨国分工的环境下，贸易、投资、人员变动等都是相互关联的。对日直接投资少的原因不仅是存在投资障碍，还包括日本各方面在应对全球化时行动比较迟缓。

观点

现在，海外对日投资非常少，如何增加对日直接投资，这是个课题。因此，日本社会必须在微观层面上做好全球化的应对。

尤妮佳、漫丹、狮王……

——以高品质为武器向海外扩张的日本企业

随着人口减少和老龄化的演进，日本的国内市场难以大规模扩张。这种闭塞感使得企业感到很悲观，企业的投资也很低迷。这样一来，更是加剧了日本经济的不景气。而少子老龄化更是像幽灵一样，不断困扰着日本经济。

对于萎靡的经营者们，我们不禁要问：“为什么只把目光投向日本市场呢?”日本国内市场就那么大，无论怎样发展都会受限。但是，像新加坡、瑞士那样小的国家却能够通过积极向海外扩张，获得远高于日本的利润。

那么，怎么向海外市场扩张呢？如果有更多的日本企业能够找到这个问题的答案，日本的经济复兴也就有希望了。只把眼光放在日本市场肯定会变得悲观，但是如果能看到更广阔的世界，就能挖掘出无数的机会。

实际上，在积极谋求海外发展的企业中，能让企业持续壮大的例子还是很多的。作为曾经的中坚企业，四国的尤妮佳如今将纸尿裤以及卫生巾等产品打入了亚洲市场，造就了今天的大品牌。据说，大阪的染发剂制造商漫丹在印度尼西亚保持着非常高的市场占有率。狮王的洗涤剂在马来西亚的市场占有率居首位。

这些成功事例都具有以下两点特征。首先，日本产品的质量很高。收入水平不断增加的亚洲消费者都希望购买到更高质量的产品。这样的需求使得他们将目光瞄准了日本产品。亚洲各国的收入水平不断提高正是提高亚洲整体需求的主要原因。5 年后、10 年后的亚洲市场将会非常值得期待。

其次，从海外进口农产品带来的压力使得日本农业深感危机重重，其也将目光投向了广阔的亚洲市场，看到了完全不同的未来图景。亚洲地域广大，拥有庞大的人口，但是农业耕地范围很小。中国就是个典型的例子，均摊到每个人的耕地面积非常小。东南亚也是如此。

亚洲各国如果这样发展下去，将会成为世界上数一数二的农产品进口国。这对于邻近这些国家的日本来说是个很大的机会，日本农业正好借此机会以高质量为武器扩大销售量。

我们再回到在亚洲大获成功的企业的话题上。通过研究这些企业的战略，我们发现这些企业没有把亚洲作为一个整体来看，而是针对各个国家采取了不同的策略。某日用品制造商的龙头企业曾经说过："中国是个非常大的市场，欧美的巨头制造商都对这个市场感兴趣。与其在那里争夺市场，不如集中到马来西亚或者泰国等对日本比较熟悉的市场去。”该企业在其所说的市场中获得了很高的业绩。企业的确需要在亚洲市场发展，但是必须制定好适合自身发展的、精明的战略。

观点

日本企业不仅要在国内市场发展，还必须把目光投向更广阔的海外市场。成功的企业会在制定个别战略时，根据地域差别、质量要求采取不同的对策。

日本观光客达 5000 万人?!

——日本成为旅游观光大国的条件

前些天出差到访西班牙时，我听到了一件很有意思的事情。西班牙人口只有 4600 万左右，但是每年来访的外国人数竟达到了约 6500 万。当然，其中的大多数人都是观光客。法国作为旅游大国是很有名的，每年从海外到访法国的人数达 8370 万。可以说，法国是世界上接纳游客人数最多的国家之一。不过，法国的人口有 6600 万左右，若论每个人接待的旅客数量，还是西班牙更多一些。

据当地的日本大使馆工作人员介绍，30 年前，西班牙旅客人数约为 1000 万。这 30 年间旅客人数大幅增加，西班牙成了旅游大国。顺便提一下，2012 年，日本的旅客人数为 850 万，安倍内阁推行振兴旅游的政策后，2015 年年末旅游人数达到近 1900 万。肯定有很多人觉得观光客增加得不少吧，然而与西班牙和法国比起来还算是少的。

可能还需要花费 10 年、20 年时间，去日本旅游的观光客人数才能从 3000 万增加到 4000 万吧。如果可以实现的话，观光旅游产业将会成为日本的重点产业。观光旅游产业的未来发展前景无可限量。

日本很有可能成为观光旅游大国。先前已经举过西班牙和法国的例子了，欧洲其他各国的外国旅客人数也在增加。意大利达到了 4800 万人，德国达到了 3300 万人，英国则达到了 3260 万人。无论哪个国家，日本都无法比肩。

欧洲各国之所以有如此多的观光客是因为很多欧洲本土居民会在欧洲本土范围内移动。正因如此，欧洲内部交通网络十分发达，并且很多欧洲人能很容易地穿越国境，这些都是促进旅游业发展的优势。学生们会在休假时前往西班牙或者法国，老年人则会在寒冷的季节去意大利。很多会议以及活动都是在欧洲内部举办的，这也会吸引很多欧洲其他国家的旅客。

亚洲也在逐步接近这样的时代。据某机构推测，整个亚洲区域的中等收入阶层和富裕阶层在过去 10 年增加了大约 8 亿人。还有人推算，今后 10 年将会增加 10 亿人。这个群体会积极地跨越国境前往海外。

当今社会已经进入了大交流时代，这样的动向如果持续发展下去，不说 10 年，且说 20 年或者 30 年后，每年到日本旅游的人数将达到 5000 万以上，这是完全有可能实现的。

前几天，我有机会去了一趟中部国际机场。从航站楼的屋顶平台上看，中国内地、中国香港以及马来西亚等国家和地区的廉价航空飞机接二连三地从日本出发或者抵达日本，运送了大量的观光客。我想这种状况肯定不是暂时性的。日本必须采取措施坚定推进观光旅游业的发展。

观点

日本要想达到西班牙、法国那样的观光旅游业规模，必须学习欧洲，加强与亚洲之间的交流。要采取系列措施，吸引他国游客来日本观光。

在西班牙体验“真正的休假”

15 年前，对于观光这件事，我在西班牙有过十分珍贵的体验。当时，我在欧洲参加一个会议，这场会议持续了一段时间。其间有大约 3 天的空闲，于是我利用这个机会去了一趟格拉纳达。那里有阿尔汗布拉宫，是西班牙首屈一指的观光景点。很久以前我就想来看看了。

买好机票后，需要选择住处。因为我时不时会使用一下美国运通卡，因此给负责人打了个电话。他们告诉我从格拉纳达过来大约需要 2 个小时的时间，那里有个很有趣的酒店。既然美国运通卡负责人这样向我推荐了，我便打算去那里住宿。

在格拉纳达游玩了 1 天后，我便打算去酒店了。虽然可以坐公交过去，但为了节省时间我还是选择了出租车。坐上出租车后，司机带着我在毫无人烟的田间跑了 1 个多小时。这样的田间真的有酒店吗？我感到十分不安。不久，出租车终于到达了酒店。酒店孤零零地立在那里，周围全是树林和荒野。原本打算享受一场悠闲度假的，现在的情况让我感到有些失望，但不管怎样我还是先住进去了。这是幢古老的石造建筑，房间十分舒适，这点还不错。酒店配备有两家饭店：一家价格偏高，食物极其美味；另一家价格偏低，看起来很清爽。

我就这样在那家酒店住了两晚，与当初预想的相反，过得非常舒适。我得以在大自然的怀抱中悠闲地度了个假，或是散步林中，或是在房间里读书。晚饭时间可以去美味的饭店，并且还能顺便和其他旅客聊聊天。虽然这里的景色并不是特别令人惊艳，但是非常自然清新。享受完自然的清新后还有舒适的房间和美味的食物，真是很美妙。我感觉这才是真正的休假。

日本也开始关注到这种田野中的住宿环境了。即便是在很偏僻的地方，只要将当地居民的房子腾出几间来作为旅客住宿的地方，就会有海外来客住宿。重要的是，那里一定要配备能提供美味饭食的地方。因为只要这些偏僻的地方有能提供极其美味的饭食的小店，就会有观光客来访。如果可以得到米其林的星星，就会有外国人慕名而来。

日本到处都有田野。日本国土狭小，如果租一辆汽车或者乘坐巴士，那么 2 小时内就可以从主要城市到达很多地方。只要建起一家可以提供美食的小店，再将当地居民的房子装修一下，就可以成为非常不错的景点了。

观点

或是散步林中，或是围在美食周围和别的观光客聊天，住在西班牙的酒店时，我满脑子想的都是日本田野的景点化。

通过 JET 项目扩大引进外籍人才的人才论

前几天，我去了澳大利亚的墨尔本参加会议。受日本领事馆的委托，我有幸与当地大学里教日本知识的老师们聚餐。最近，墨尔本的大学里貌似兴起了“日语热”。大学里面选修日语的学生正在急速增加。我觉得这很好。

让我印象深刻的是，向我介绍以上情况的墨尔本大学的老师还向我讲述了他在日本时的经历。他最初到日本时，住在大分县姬岛村。可能很多人都不知道姬岛这个地方。那是位于濑户内海西端的孤岛，距离大分县的国东半岛 6 公里，东西长约 7 公里，南北最宽约 4 公里。现在，那里的人口大约有 2000 人，主要产业是渔业。

他大约是第一位在姬岛居住的外国人吧。对日本几乎一无所知的澳大利亚年轻人居然在姬岛待了 1 年。之后，他在日本的地方都市的大学里当了 7 年教师，返回澳大利亚后成了大学老师。姬岛的经历对于他来说非常新鲜，此后他一直从事与日本有关的工作。现在，他正在墨尔本大学发挥着对日本来说非常重要的作用。

澳大利亚的年轻人到濑户内海的孤岛——姬岛上生活，提供这一契机的正是日本政府的 JET 项目。JET 是 The Japan Exchange and Teaching Program 的缩略语，直译过来，就是与日本交流、在日本教学的项目。JET 包含许多项目，这位澳大利亚人所利用的是“成为日本村庄教英语的助教”这个项目。日本政府会给这些外国人提供生活费和路费，条件是这些外国人要在村庄的学校里从事助教工作，专门教授英语。

基于这个项目，外国年轻人可以拿着补助金在日本生活；本地学子则有机会学习到纯正的英语。对于外国人来说，在姬岛的生活或许让他们感到很惊讶，不过对于那些初次在自己的村子里看见外国人的姬岛人来说同样也很新鲜。

最重要的是，通过这样的项目能培养出终身与日本相关的有为人才。在这次墨尔本的午餐会上，还有一位在当地大学教授日语的日本人，他的夫人是美国人，听说也曾通过 JET 项目去过宫城县的小村庄。

在美国和澳大利亚，我接触过不少曾通过 JET 项目到过日本的人。不仅有大学老师，还有商人和记者等各行各业的人。其中很多人都在从事与日本有关的工作，他们中的大多数人都很喜爱日本。

人才交流对于促进国际化来说是非常重要的。而人才交流并非只有短期交流，还有 JET 这样的项目，能够培养出长期从事与日本相关的工作的人才。通过这样的项目，希望今后能有更多外国年轻人来到日本。

观点

日本政府的 JET 项目培养出了很多外国人才，这些人才一生都会与日本产生很深的牵绊。长期性的人才交流在全球化时代背景下是很重要的。

日本人如何掌控外籍劳动力？

在国外，雇外国人从事育儿和看护工作是很普遍的。我曾在中国香港的一家酒店住过，让我印象深刻的是这家酒店的一名女服务员，她说自己雇了一名菲律宾保姆。这名女服务员不过是一位十分普通的酒店员工，收入也不是特别高。可能是因为她结了婚，她与丈夫的收入加起来还是可以雇保姆的。

我问她每个月大概需要支付多少钱，她回答的钱数约合 4 万日元。这已经是 5 年前的事了，但在当时算来也是比较便宜的。当然，因为保姆和雇主家是在一起吃饭的，所以保姆不必负担伙食费。之前她说是住家保姆，所以我想她家应该比较大，没想到她居然说保姆晚上是住浴室的。真是让人吃惊，这样的环境也可以雇到保姆。

我还问了一下住在香港的日本人，他们说香港的很多公寓都带有两张到三张榻榻米大小的保姆房。在这里，雇保姆是非常普遍的。

这家酒店的服务员说，如果不雇保姆的话，她自己就无法继续工作了。每月 4 万日元的保姆费还是很便宜的，所以在香港，即便是很普通的人也可以轻松雇到保姆吧。

我在中国台湾地区也见识到了很有趣的景象。那是我到访台湾朋友老家时见到的。我那位台湾朋友的老家在农村。他的姐姐一家与他80多岁的老母亲住在一起。老母亲的身边总是跟着一名印度尼西亚的年轻女性，一直在照顾着老人的起居。听说她是住家保姆，每月工资有5万日元。我这位台湾朋友的姐姐把照顾老母亲的事情都委托给了这名保姆，这样她自己就有时间做家务以及工作了。

据我所知，在台湾如果家庭里有3名以上的儿童或者与80岁以上的老年人共同生活的话，就可以雇印度尼西亚或者越南籍保姆了。她们专门照看孩子或者看护老人。

可惜的是，日本的情况与中国香港和中国台湾完全不同，雇外国人来照看孩子或者看护老人几乎是不可能的。日本人要想雇住家保姆的话，支付的保姆费会让你大吃一惊。因此没有人会雇保姆。

结果，看护以及育儿成了日本国民的沉重负担。我周围就有很多人因为要照顾双亲而不得不辞去工作。虽说是为了照顾家人而不得不如此，但这也太可惜了。

在日本也出现了利用特区的制度而雇外籍保姆的现象。但也只限于大阪以及东京等都市的部分地区，并没有得到真正的普及。而制度推行起来好像也很难。

但是，这样的制度必须推广开来。消除为了看护家人而辞职的现象，解决保育园（类似中国的托儿所加幼儿园）留守儿童积压的问题，这些一直都是安倍内阁的目标，而充分利用外籍劳动力对于解决这些问题是有效的。

观点

在国外，雇外国人育儿以及看护老人是十分普遍的。为了消除因看护家人而辞职的现象，以及解决保育园留守儿童积压的问题，必须充分利用外籍劳动力。

不断变化的 7-ELEVEn

在流通业界，2016 年最大的话题是 Seven&I 控股集团的铃木敏文会长宣布辞职一事。我自己在将近 25 年的时间里经常与这位会长接触并且倾听他的谈话，此次辞职事件实在让我感触良多。

7-ELEVEn 自第一家店开业以来已经过了大约 40 年，随着日本经济的不断变迁，7-ELEVEn 也在不断变化发展。正是这种变化显示了 7-ELEVEn 的强大。正如“便利”一词的表面意义那样，7-ELEVEn 最初的宗旨就是给顾客提供方便。之前对美国的 7-ELEVEn 十分了解的顾问说过，“美国的日常生活就是以超市为中心活动的。万一有忘买的东西、急需的东西，就去 7-ELEVEn”。

在日本，便利店作为饭团和饮料等商品的提供场所，越来越多地被人们所需要。我曾在一家拥有 20 多年历史的顶级便利店询问过：“在便利店的收银台可以转账和取款吗?”结果他们回答道：“这是卖关东煮和饭团的收银台，无法进行转账和取款。”那时，那位经营者还没有通过便利店提供更广阔服务的意识。

不过，在之后的日本经济社会变化中，便利店自身被迫进行了大的改变。7-ELEVEn最彻底地实现了这样的变化。正因如此，7-ELEVEn不仅在便利店业界，更是在整个零售业中一直独占鳌头，而引领这种变化的铃木敏文会长更是由此被誉为“零售业之父”。

便利店被迫变化的主要原因是什么呢？我所能想到的有以下几点：日本消费市场的成熟化和增长过剩的店铺数量；信息技术变化带来的消费行为的变化；少子化、核家族[①]化造成的人口减少和家庭数量的增加等。

消费的成熟化和店铺数量的增加需要便利店扩展更多服务。国内市场饱和的情况下，零售业保持增长只有两个方法：一是拓展到海外市场；二是扩展商品和服务。7-ELEVEn不断扩展服务内容，已开始提供金融服务、便当的配送服务以及咖啡等的外卖服务了。

独居者的增加和核家族化促进了便利店的发展。便利店不再只是提供在超市忘买的东西的存在了，对于很多人来说，它

---

① 核家族（nuclear family）是指仅仅由夫妇二人与尚未成婚的孩子构成的家庭，也就意味着“父母、祖父母、已婚孩子夫妇”不在一起共同居住的家庭形态。——编者注

是支撑生活的设施。店面的增加对于便利店来说带来了意外的正面效果，那就是网络的外部性。也就是说，在全国轰轰烈烈地开拓分店，能够增加店铺作为一个网络的价值。

充分利用信息化的发展，增强店面和信息网的互补性，这样一来便利店就会更加强大了。

观点

7-ELEVEn 通过不断应对经济变化而达到业界的顶点。今后如果能继续充分利用便利店的网络化信息，将会达到新的高度。

通过改变战略得以继续生存

——吉野家的价格哲学

终于再次有机会和吉野家控股公司的安部修仁会长进行面谈了。本次谈话内容由日本经济新闻出版社编辑成了《通过吉野家学习经济入门》一书。2002 年我也曾出版过《吉野家经济学》。对比这两次的谈话内容，可以充分了解到这期间日本经济环境的变化，以及餐饮产业经营的变化。

2002 年，经济泡沫刚刚破灭，物价飞涨的趋势尚未退潮。不过，在 1985 年以来的日元升值形势下，价格破坏是业界的主流。当时的吉野家牛肉盖浇饭价格从 400 日元降到了 280 日元，以破竹之势飞速发展。我在 2002 年的书中，非常翔实地介绍了当时他们在后勤服务和店铺经营方面是如何进行改革，实现了 280 日元这样的低价格的。

说到细节方面，吉野家的强大之处就更是让人佩服了。当时，吉野家基本上只经营牛肉盖浇饭单项菜品。吉野家将牛肉盖浇饭中作为商品方面的浪费之处全部剔除了，彻底执行“美味、便宜、快捷”经营理念中的“便宜”，确定了低价格发展路线。将具有竞争力的牛肉盖浇饭做到极致，通过价格破坏手段达到成长，这就是吉野家当时的成功战略。

吉野家此后经历了各种各样的考验：先是美国爆发了“疯牛病”疫情，牛肉盖浇饭的销售被迫停止；后来又出现了“食其家”这样强有力的竞争对手。2002 年出版的书中，翔实地介绍了这些考验迫使吉野家做出改变的内容。大的经济环境变化会给企业的经营以及组织带来什么样的影响？吉野家是一个非常有意思的例子。

在这些变化中，我特别感兴趣的是通货紧缩缓和形势下的餐饮业和消费品行业会如何应对。石油价格的暴跌导致日本消费物价指数停滞不前。但除了石油价格之外，物价其实已经上升了。由于小时工和兼职人员的费用大幅上升，消费品相关领域的价格上涨已经成为明显趋势。

上次与时任吉野家社长的安部修仁面谈时，几乎没有谈到牛肉盖浇饭以外的菜品，因为吉野家还在坚持牛肉盖浇饭的单项菜品经营。本次的面谈中多次提到了蔬菜饭、山药泥麦饭、鳗鱼饭等。虽然牛肉饭的价格压低了，但是蔬菜饭、山药泥麦饭、鳗鱼饭的价格相当高。成本高，价格当然会高。通过这样扩充菜品，可实现平均单价上涨。

在摆脱通货紧缩的过程中，人事费用等成本不断上升。在这样的形势下，平摊到每名客户身上的单价势必也会上涨。通过单项菜品经营走低价路线的吉野家会如何应对这一课题呢？我对此很感兴趣。上一次安部社长的发言还在我的耳边回响。他说：“从某种意义上说，降低价格是很容易的事情，只要能彻底追求高效率就可以了。但是将降低的价格再提上来是很困难的，那得看顾客接不接受。”

观点

吉野家通过彻底贯彻成本管理在价格竞争上取得了胜利。在当下物价和人事费用不断上涨的形势下，通过增加菜品提高均摊在每名顾客身上的单价，这样的策略能够继续实现企业发展。

决定品牌经营能否成功的“焦点”

在东京大学经济学部举办的似鸟公益讲座上，提到了很多很有意思的事。本书也多次提到过一些。接下来，我想介绍一下萨曼莎·撒乌萨（Samantha Thavasa）[①] 的寺田和正社长的讲话中比较有意思的部分。他就“品牌经营”提出了一些很重要的观点。

让我印象特别深的是，他介绍了他们公司品牌经营中坚持的四点：做好的商品；选择好的经营场所；举办好的宣传活动；培养优秀的人才。

我问了一下他们是如何与国内其他制造业者竞争的。他回答说品牌经营中，店面选址特别重要，为了能在百货商店中占据优良的卖场，他们煞费苦心。在进行宣传活动时，他们充分利用希尔顿姐妹和米兰达·可儿的名气，很有意思。他还提到他们的销售员年收入很高，并对其重要性做了说明。

---

① 有日本的香奈儿（Chanel）之称。1996 年诞生于日本东京。品牌风格以可爱甜美为主，但又兼具上班可用的实用性，日本年轻女性几乎人手一包。——编者注

零售业和餐饮业中，经营者们总会推出三项或四项重要的“宣传标语”。寺田社长的四项标语是如此，卖牛肉盖烧饭的吉野家的标语“美味、便宜、快捷”也是如此。他们并不是简单罗列这几项，标语的排列是品牌经营的关键。

为了说明企业文化，斯坦福大学的戴维·克雷普斯（David M. Kreps）教授使用了“焦点”这一概念。意思是虽然没有明确定义，但是当事人大多赞同的点。比如说，一些人约好第二天在涩谷会面，然后就分别了。但是第二天具体几点在哪里碰面呢？恐怕认为中午12点在八公像前聚集的人有很多吧。“中午12点”“八公像”，这两点正是这些人都认同的“焦点”。

企业活动中也应该有这样的“焦点”。卖方和买方如果有共同的“焦点”，那么商品以及店面的品牌价值就更加明确了。说到这点就不得不提到营销大师菲利普·科特勒（Philip Kotler）教授的营销定义了。科特勒教授曾经写道：“营销的目的不是要小聪明让大家买入更多自己的商品和服务，而是让大家深入理解自己商品和服务的价值，并且与顾客共享。”

要想培育优秀品牌，卖方首先要深入理解其价值，并且采取措施来实现这个价值。除此之外，卖方还必须将这一价值与客户共享。寺田社长告诉我他成立萨曼莎·撒乌萨时的想法和最看重的东西之后，我突然理解了品牌价值的重要性。将其价值与员工和顾客共享，大概就是品牌经营的基本点了吧。

观点

成功的品牌企业会深入理解本公司的商品以及服务的价值，并将这一价值与顾客共享。提供卖方和买方都认同的价值，这才是构建品牌的关键。

让消费者“欲罢不能”的创意设计

在东京大学经济学部举办的似鸟公益讲座上，我听了好几名企业家的讲话，他们都在强调商品种类的变化问题。经营大创集团百元店的矢野博丈社长强调说：“如果不经常开发新的商品，顾客就不来店里了。”似鸟控股当时的社长似鸟昭雄也说要经常更替店铺摆放的商品。

不断投入新产品来改变店铺的面貌，这种做法同样适用于便利店。每年新发售的饮料种类十分庞大，其中有很多种类都会很快从店铺中撤下。在店面能售卖 10 年以上的经典商品寥寥无几。对于洗涤剂以及洗发水等日用品制造商来说，也要经常推出具有竞争力的新款产品，否则在市场所占的份额就难以维持了。

饮料和日用品等商品应提供满足消费者需求的功能。质量好的商品如果能够稳定并以低价格提供给顾客的话，就会更受顾客的欢迎。在这一点上，无论是似鸟还是大创都一样。听起来是不是非常有道理？但是，现实却正相反。如果没能及时推出新产品，经营就会走下坡路，这就是消费品流通的现实。

为什么消费者会如此看重商品的变化呢？关于这一点需要稍微仔细地研究一下。经济学中有被称为“产品周期”的理论。新产品最初都是少量试验性地生产的。即便是这样的商品，如果能得到消费者的支持也会获得高利润。但是随着时间的推移，会出现很多类似商品，利润就会大幅下降。仅靠品牌价值维持高利润并不是简单的事情。

当然，为了维持首发产品的品牌价值，制造商及零售商们也会采取各种各样的措施。考虑通过推出长期的经典商品来推行幸存商品战略，这是很重要的。只是大多数商品很难维持长期的高利润，因此才有必要不断推出新商品。

看重流行趋势、季节性强的服装行业也在不断追求新意、推陈出新。这个行业需要时刻关注流行趋势和季节变换。十多年前，当时的伊势丹的新宿店长曾带我参观过他们的服装店。谈话中让我印象深刻的是“色彩”。店长介绍说，进入店中看到的视觉信息绝大多数都来自“色彩”，而不是样式或者大小。店铺在经营时也必须制定色彩方面的战略。

将每年分为多个时期，确定各个时期的颜色。比如，11 月初开始几周内以黄色为主。从店面的入口处开始经过各主要通道，眼睛所能看到的前方都摆放黄色系的商品，这样店面整体的色彩主张就体现出来了。据说每个月进行的色彩调整，能够让顾客充分感受到店面的变化。

观点

消费者追求的一般是需求以上的变化，因此企业必须不断推出新商品。在店面商品的外观上也需要费些工夫打理，让顾客感受到变化，觉得新鲜，这是很重要的。

只有大创才知道的简单战略

在东京大学经济学部举办的似鸟公益讲座上，大创集团的矢野博丈社长所讲的话对于平日里学习正统经济和经营的学生来说是很新奇的。矢野社长的演讲中，数次提到了在流通中隐含的、表面上很难看到的原理。

为什么大创会开创百元店这样的经营模式？这个过程很有意思。将价格猛跌的商品堆在卡车上，拉到全国的文化馆前面或者零售店的促销卖场上进行销售，大创就是在这样的经营模式中发展起来的。在开创百元店之前，大创用近 100 辆卡车开展这样的买卖，说明其本身已经具有筹集相当规模商品的能力了。调查一下日本的流通市场会发现，很多领域都会发生大量商品跌价的情况。听说将这些商品组织起来进行销售正是百元店的初衷。

而将所有商品都定价为 100 日元，这个过程也是很有趣的。社长介绍说，最初经营时，商品太杂了很难定价，而客人来买东西时询问各个商品的价格，也实在是件很麻烦的事。于是他干脆将所有商品都定为 100 日元。

因为难以定价，所以将所有商品都定为100日元。这样听起来好像是件很随意的事情，但这正是前所未有的好主意。对于卖方来说定价很麻烦，对于消费者来说将商品价格比来比去再选择购买也很心烦。“那家店的商品一律100日元”，这样的单纯性恰好成就了强有力的竞争力。

可以说这是个小小的飞跃吧。商品一律100日元，这样达到的切实效果不由得让我想到了24小时营业这回事了。大创并不是24小时营业的。美国等国家的超市变成24小时经营后，不仅是深夜，傍晚等时候的营业额都有了增长。深夜营业给了消费者一种“不管什么时候都开着”的安心感，进而增加了愿意在深夜之外的时间来店消费的顾客人数。

商品一律100日元，这种经营手法也具有这样的效果。“不管什么时候都开着”和“不管什么商品都是100日元”，两者给人的安心感十分相似。

百元店在价格方面没有任何问题，要考虑的是店里是否有顾客喜欢的商品。虽说店里所有的商品都是100日元，但如果没有顾客喜欢的商品，经营效果也会大打折扣。因此，商品的筹备就成了经营是否成功的关键。大创的成长期正是中国经济的增长期，中国生产能力有了很大提高。而大创应该也是正好借了中国这个“东风”吧。

矢野社长对商品筹备成本的评价也是很有趣的。他关注的并不是“这个商品得花多少钱才能进”，而是“进货 10 万件的话要多少钱，100 万件的话多少钱”。百元店中出售的商品，其规模效应比我们想象的要大得多。

观点

大创通过将商品价格统一为 100 日元，排除了买卖双方都认为麻烦的环节，取得了很大成功。这种“信赖感”带来的效应比想象中的大很多。

第 4 章

认清全球化经济的新潮流

掌握世界经济钥匙的美国在考虑什么？

新兴国家的不景气与发达国家的苦恼

纵观当下世界经济，需要注意几个要点。

一个要点是新兴国家的经济停滞。美国高盛公司首席经济师吉姆·奥尼尔（Jim O'Neil）在 2001 年提出了“金砖四国”（BRICs）这一概念，即巴西（B）、俄罗斯（R）、印度（I）、中国（C）四国，用以代表高速发展的新兴国家。他认为金砖四国的发展可以带动世界经济的发展。

事实上，2008 年雷曼事件之前，新兴国家的经济的确发展迅速，其发展动力是宽松政策下经济动荡不安的发达国家的资金流入。

发达国家的丰厚储备资金，以投资形式流入新兴国家，可以说是世界经济最理想的状态。历史上，这种机制实现了世界经济的高增长率。

但是，过度增长的经济在雷曼事件发生后发生了巨大的变化。新兴国家的经济增长率下降，并开始出现资金的流出。推动世界经济发展的新兴国家的增长速度减缓给世界经济造成了影响，主要体现在石油和铁矿等资源价格的大幅度下降等方面。

另一个要点是所有发达国家的经济停滞。技术革新停滞、少子老龄化、雷曼事件后遗症等，使日、美、欧洲部分发达国家的经济持续低迷。为了摆脱现状，很多国家开始实施负利率政策和量化宽松政策等大胆的宽松货币政策。

发达国家如何摆脱经济持续低迷状态，新兴国家如何恢复经济，这两点已经成了人们关注的焦点。

提起新兴国家的经济恢复，最受关注的就是中国。近年来，经济发展迅速的中国，也正面临一个重大转折点。中国经济能否渡过难关，进入所谓的新常态，对世界经济有着很大的影响。

特朗普总统的就任给当今世界经济带来的影响是另外一个关注焦点。当前，股价上涨和美元汇率上涨等局势对于发达国家来说是一个好机会，然而新兴国家的货币汇率下降有可能带来更多的资金流出。本稿执笔时特朗普总统还未就任，今后发展还有待进一步观察。

中国经济能否进入“新常态”？

中国经济出现了一个热词，叫“新常态”。维持大于 10%的经济增长速度非常困难。中国政府提倡，“7%左右的增长速度刚刚好，中国应该接受这种‘新常态’”。

对中国来说，维持 10%左右的增长率确实非常困难。我认为恰当的增长率在 7%或 5%，中国要想保持经济持续增长，必须达到一定的增长率。进入这种新常态后，能否维持稳定增长将是一个大问题。为了实现新常态，中国必须深化改革。

用一句话来总结近 30 年来中国经济快速增长的特点，就是“偏向制造业的增长主导型经济”。正因为中国制造业比重高，所以才要导入国外先进技术提高生产力。而国外出口市场大，又为生产的急速增长提供了客源保障。但是，这种增长的持续性较差。随着收入越来越高，中国的出口成本竞争力开始下降。中国经济的快速增长使得内需扩大，其在世界经济中所占比例越高，海外市场的拓展余地就越小，持续扩大海外出口就越困难。也就是说，以制造业为中心的海外输出路线会因此而遭遇瓶颈。

雷曼事件后，中国的经济政策主要是为了改变现状。为了通过完善基础设施和扩大内需产业实现经济的持续增长，当时的中国政府推出了 4 万亿元（按当时汇率折算约为 57 万亿日元）的经济对策。这在一定时期内维持了经济的持续增长，同时也引发了许多矛盾。比如投资过剩导致钢铁和石油化学等设备过多，一些计划难以达到收支平衡。此外，还引发了一系列的环境问题。可以说雷曼事件后，中国当时提出的经济对策是有局限性的。而新常态将成为一大转折点。

进入新常态有几个要点。需要将出口转向内销，制造业转向服务业。以制造业为中心的经济必须维持 10%的增长率才能保证雇佣数量。为了在确保雇佣水平的同时实现稳定的经济转变，需要开发高质量的服务业。金融、医疗护理、零售等服务业虽然无法提高生产力，但是可以提升雇佣水平。并且，服务业大多是内需型产业，因此有望摆脱对海外出口的过度依赖。此外，这种转变还有望解决中国面临的环境及贫富差距扩大等问题。同时，人口老龄化也亟须完善医疗护理等产业。

即使理解了这些改革的重要性，真正实施起来也并非一帆风顺。提升服务业水平需要海外企业的投资。国营企业主导的行业很难实现真正的改革。外资企业将在多大程度上融入到规则复杂的服务业中去，比如外企 100%出资在当地设立分公司能否得到认可等值得关注。

扩大医疗护理等产业需要完善社会保障制度。根据中国的社会保障制度，在一些大城市可以领取到医疗保险和养老金，但是并未实现全国范围的普及。为了应对人口老龄化，维持社会稳定，必须完善社会保障制度，但如何保障财源是一个问题。日本现在也有同样的问题。对中国来说，这将是一个重要难关。

最后，经济增长率下降的情况下，宏观经济的调整能否顺利进行也是一个关注点。热门的房地产业和股票市场的价格变动很容易不稳定，实际政策能够使其稳定到何种程度也是课题之一。此外，如何改变依靠不断上升的地价获得财政收入的地方政府财政结构也是一个重要问题。以快速降低增长率为目的提出的“新常态”概念有可能引起各种各样的问题。

观点

维持稳定的经济增长率，将以制造业为中心的扩大出口路线转向以服务业为中心的扩大内需路线，中国实现这些目标的关键是使外资企业加入中国市场。

造成主要国家股价动荡的中国经济冲击

2015 年以后，由中国引起的经济冲击使世界金融市场发生了混乱，主要国家的股价持续波动。一方面，日元和美元汇率呈上涨趋势；另一方面，新兴国家和发展中国家的货币开始暴跌。

在开始“安全投资转移”后，日本和美国的国债收益率持续下降。这次市场动荡的震源地是中国。然而 2016 年 9 月后，美国开始出现利率上调的苗头，对很多新兴国家和发展中国家造成了影响。这说明问题不只在于中国，世界经济正发生大范围的地壳运动。

过去发生世界性危机时，新兴国家经常发生资本逃避问题。20 世纪 80 年代前期，墨西哥等中南美发展中国家因无法偿还国外借款而引发了债务危机，其直接原因是美国提高了利率。

20 世纪 90 年代后期亚洲金融风暴中，东南亚各国和韩国的资金流出，直接导致了货币暴跌和金融危机。2008 年的雷曼事件虽然最初发生在美国，后续却通过新兴国家的资金流出扩散到了整个世界。

冰岛能否称为新兴国家尚存争议，它在接受了海外的巨额投资后发展迅速，然而雷曼事件过后短短三个月时间内，三大银行全部破产。历史是不断重复的，这次新兴国家的资金流出也成了关注的焦点。

资本全球化的目的主要是推动发达国家到新兴国家和发展中国家的资金转移。发达国家虽然拥有大量储备资金，但其国内没有充足的投资机会，因此大多数发达国家都处于资本过剩的状态。

相反，新兴国家和发展中国家基本都处于资本不足状态，然而储备资金虽然不足，但有着大量投资机会。完善基础设施以及产业发展等都需要大量的投资，可以说拥有很高的潜在经济增长可能性，发达国家可以从投资中获得高回报。

问题是，这种国际性的资金转移无法获取准确的情报。投资家在无法获得准确情报时，往往趋向于追随其他资金动向。这种做法虽然可以确保安全，但在经济不景气时很有可能扩散危机。

在经历了多次金融危机后，经济学方面对于危机发生和扩散机制有了很多研究成果。其中最有趣的是有关“羊群效应”的解释。

大多数投资者所关注的并不只是投资对象的资产和国家风

险，还有其他投资者对风险的看法。经济学家约翰·梅纳德·凯恩斯（John Maynard Keynes）将其称为“美人投票”，即重要的并不是投资对象的好坏，而是大多数投资者的选择。

雷曼事件之前，世界上大部分资金之所以流入到了新兴国家，是因为大多数的投资者认为其具有发展潜力。只要有资金的流入，新兴国家的经济就能顺利发展扩大，投资的回报也就越高，这样就可以持续吸引投资，保持投资和经济增长良性循环。

但是，一旦这种确信发生动摇，就会陷入恶性循环。大多数投资者开始收回对新兴国家的投资，这种动向扩大到整个市场后，新兴国家将无法获得资金援助，逐步失去市场。在大多数市场参与者都不对新兴国家投资的情况下，继续投资将十分困难。

这种“羊群效应”会使市场变得不稳定。近年来，资产买卖实现了计算机程序化，当价格大幅度下降时程序会自动提示卖出，这进一步加剧了“羊群效应”。

中国过度膨胀的房地产和股票价格下降，本来是一个好现象，但如果不加以调整，将无法回归到正常状态。只有调整过度上涨的部分使其降低到正常范围内，才能达到经济学中所说的稳定的“良性均衡”状态。

但是，这种状态如果煽动世界规模的资产买卖连锁，危机就会如滚雪球般形成“恶性平衡”。为阻止进入“恶性平衡”状态，必须采取相关对策。

现在，中国等新兴国家的经济处于何种状况呢？

这次由中国引起的经济危机，从根本上讲，是新兴国家和发展中国家全体的资金流出问题。21 世纪初，在巴西、俄罗斯、印度、中国金砖四国的带领下，世界资金开始向新兴国家和发展中国家转移。发达国家的大规模金融缓和政策在一定程度上加速了资金转移。

2005 年前后，世界经济持续快速增长。资金主要流向了发展中国家、房地产和资源。

这种局面持续到了 2008 年的雷曼事件。巴西、俄罗斯和印度开始和其他发展中国家一样陷入经济困境。但是，中国是一个例外。雷曼事件后的 4 万亿元经济对策收得成效，短时期内实现了 12%的高增长率。

但是，这种粗暴的经济政策对中国经济造成了重创。房地产市场和股票市场出现泡沫，过度投资造成了设备过剩，国有企业和地方政府的不透明融资增加。作为金砖四国“最后堡垒”的中国也陷入危机，很多人都在感叹“中国，你也沦陷了吗”。

中国政府正在尽全力阻止危机扩大，并借由政府力量控制市场的混乱。但是，这种疗法反而会增大市场的不信任感。

为了解决房地产价格和股价的泡沫问题，要大胆整理不透明的银行资产，舍弃快速增长的期待，这才是中国步入正常轨道的唯一途径。

观点

今后，由中国引发的经济危机很有可能扩大到世界范围。为此，中国需要调整过热的经济发展状态，转换到稳定的增长战略上来。

发展中国家、新兴国家警惕“美国利率上调”

2016 年，主要发达国家当中经济状况恢复最快的美国采取了利率上调手段，给全球经济带来了不安情绪。

问题在于这一行动有可能会引起发展中国家的资金流出。有很多发展中国家为了防止资金流出提升了本国的利率。对发展中国家来说，在严峻的经济状况下上调汇率是一个痛苦的抉择，其中也有如同南非一样汇率大幅度下降的国家。在亚洲，印度尼西亚和泰国等东南亚各国也在时刻警惕着资金流出。

雷曼事件前，资金大量流入发展中国家和新兴国家，促进了世界经济的发展。“金砖四国”一词开始在世界范围内被认知。资金主要流向了发展中国家、房地产（发展中国家房地产市场价格大幅上涨）和资源（发展中国家的发展使资源价格上升）这三个方面。这种局势在雷曼事件之后发生了巨大的转变。国际货币开始移出发展中国家、房地产和资源。石油价格下降就是其表现之一。其转移方向主要是美国和日本国债等安全资产。市场相关人士称这种避险方式为“风险规避”。风险规避的趋势会造成全球股价下跌。

这种局势下，美国上调利率，发展中国家和新兴国家必然会提高警惕。发展中国家的资本逃避让人回想起20世纪90年代末的亚洲金融风暴，以及20世纪80年代前期的巴西、墨西哥债务危机。大规模的通货危机虽然不会频繁发生，但是国际货币的动向确实给发展中国家的经济带来了负面影响。

但也不要过于悲观。美国上调利率带来的影响也许过段时间就会恢复。国际货币不会一直逃避发展中国家和新兴国家，它在寻找下一个有利的投资对象。而且，并不是所有发展中国家和新兴国家的经济状况都很差。

2015年年中，国际货币市场发生了很多巨大的变化，包括欧洲恐怖袭击以及石油暴跌带来的资源国家的困境等。

观点

美国上调利率，新兴国家提高警惕避免资金流出。经历了雷曼事件后，这种风险规避的行动也是在所难免的，今后其影响或将慢慢减弱。

石油价格回落有什么问题?

2014 年春天，石油定价基准 WTI（West Texas Intar mediate，西德州中级原油）短时间内从 110 美元下降到了 35 美元以下。这种将近七成的大幅度下跌是近年来少有的现象，几乎达到了 2008 年雷曼事件后的相同水准。

日本的石油和天然气全部依靠海外进口，石油价格下降可以说是一个好消息。不仅电费下降，以石油为原料的各企业的成本也得以降低，业绩得到改善。

但是，从世界经济整体来看，更多的是对石油价格下降的担忧。石油价格的下跌有可能导致主要国家股价下跌。石油价格下跌虽然有利于那些石油完全依靠进口的国家，但不能忽视其背景是全球性的经济低迷。

中国经济的低潮就是其表现之一。中国经济减速使石油等资源的需求下降。巴西、俄罗斯、南非、土耳其等多数新兴国家和发展中国家的经济低迷，导致资源价格进一步下降，并使得中东和俄罗斯等产油国的经济面临危机。

经济上的急速变动都不是好现象。石油价格下跌虽有利于日本，但是价格的突然下降会引发其他问题。不可否认，日本股价的下跌也一定程度上受到了石油价格下跌的影响。

当前世界经济最大的风险因素就是石油价格的变动。世界经济时时刻刻都存在风险。辨别风险是理解经济动向的重点。现阶段，石油价格的走向是最大的风险因素。

石油价格的暴跌还伴有政治风险。特别是中东等过分依赖石油的国家的政治局势受石油价格的影响很大。俄罗斯和巴西的经济发展也在很大程度上依赖于石油等资源，资源价格的下降是造成不稳定的重要因素。

世界股价整体的下跌也是石油价格下跌造成的相关风险之一。按道理说，石油价格下跌本应有利于发达国家的经济发展，但股价下跌并不是其所期望的。比如此次石油价格下跌对日本经济来说本应是一次发展机会，但实际上却成了绊脚石。

然而，也没必要对现状过于悲观。很难想象石油价格会继续下降，如果能够稳定在现在的低价格水平，那日本经济还是有望好转的。

观点

石油价格的急速下降反映了新兴国家的经济衰退。其对日本企业、世界股价下跌、中东政治局势等带来的一系列影响还有待进一步观察。

世界经济的主导权从新兴国家回归发达国家

2016年，出于对中国经济发展的不安，全球股价开始下跌。

2008年雷曼事件之前，全球资金流向新兴国家。正如“金砖四国”一词所示，新兴国家引领着全球经济的发展。但是，这种局面因为雷曼事件发生了巨大的改变。金砖四国中，巴西、俄罗斯、印度三国经济开始出现危机。

然而，中国是一个例外。中国似乎是雷曼事件之后恢复最快的国家。中国政府投入4万亿元成功刺激内需相关投资，经济增长率短时间内回升至12%。

但是，这也给中国经济带来了不良影响。投资过剩虽然可以短暂刺激经济，但会造成生产能力过剩和过度供给，造成房地产和股票市场过热。中国经济亟须大幅度调整。通过强硬手段提升的股票市场开始暴跌，房地产市场也呈现持续下跌的态势。结果，中国也和其他新兴国家一样陷入了困境。

人民币的动向也值得关注。前段时间中国人民银行一直采取措施避免人民币的上涨。受此影响，中国的外汇储备金额开始膨胀。现在，局势反转，人民币的汇率呈明显下降趋势。为了避免汇率过度下降，中国外汇储备开始急速缩减，中国的资金流出额开始上升。与其说是外资造成的资金流出，不如说是中国人主导的资金流出。

石油和铁矿等资源的价格随着新兴国家的经济发展开始上涨，也随着新兴国家的衰退开始下降。现在，还需要密切关注由新兴国家和资源产生的资金流出趋势。

那么，这些局势会对日本产生什么样的影响呢？当把关注焦点移出中国，我们会发现世界经济主导权正从新兴国家回归发达国家，从这个观点上来看，现状并不是十分悲观的。美国经济持续良好发展，石油价格的暴跌虽然是造成世界经济不稳定的重要原因，但同时也给日本以及其他发达国家带来了很多好处。

但是，世界经济的动向可能会造成日元汇率的大变动。2016 年年初，日元汇率呈现上涨趋势。特朗普总统就任后，日元汇率又开始大幅度下降。虽然不能确定这种状况是否能持续下去，但无论如何，世界资金的走向处于不稳定状态，日元汇率也将受到很大的影响。

观点

曾经不受经济衰退影响的中国也开始了资金流出。日本的日元汇率将在何时、受到何种程度上的影响还有待进一步观察。

凯恩斯的“美人投票”和“风险规避”

2016 年年初，全球市场呈现风险规避的潮流。投资资金为逃避风险而向安全投资转移，市场相关人士称之为风险规避，即采取手段免受风险影响的行为。

新兴国家的货币和主要市场的股价持续大幅下跌，资金开始流向日本和美国的国债。2016 年 1 月，10 年期国债的收益率，日本达到 0.2%、美国达到 2.0%的超低利率，这是资金为免受风险涌向国债市场的结果。

在这种局势下，转移投资资金是风险规避的唯一手段。大概没有国家能把股价和新兴国家货币大幅度下跌状态视为最佳时机从而大量投资吧。这种现象可以用凯恩斯的“美人投票”理论来解释。

凯恩斯认为，在外汇市场中，其他市场参与者对某国货币的评价比自己的评价更为重要。为了在美人投票中胜出，需要把票投给大多数人所认为的美人。也就是说，必须预测大家眼中的美人。

借用“美人投票”来比喻市场参与者的羊群效应，风险规避行为正是现在的“美人”。在市场整体趋向于统一行为的状况下，

“美人”是否是真正的美人并不重要。也就是说，中国经济是否真的面临危机，新兴国家经济存在多少问题都不重要。

这也与商务世界和金融世界中时间观念的差别有关。经济学的世界中，几个月称为短期，几年称为中期，更长时间称为长期。某市场人士称，“市场中 20 分钟以上就称为长期”。这些认为 20 分钟以上是长期的人左右着市场。如果他们同时规避风险，世界经济市场必然会出现混乱。

那么实业家或者一般人应该怎么思考呢？答案很明显。没必要因为市场混乱而让自己陷入混乱。过段时间后，市场就会平静。因此，对中国经济的风险，石油价格的中期性变动，新兴国家的可能性和问题点的正确评价将会慢慢浮出。

这种评价也会体现在市场的动向中。虽然谨慎行动很重要，但也无须过度被市场变动影响。市场时刻在变动，处处存在危机，但不一定每次都会引发大型的经济危机。

观点

面对世界市场的混乱，“美人投票”式风险规避行为无可厚非。重要的是不受现在短期货币流动影响，要站在长期观点上做出判断。

日元升值的原因

——从 1 美元兑换 120 日元到 1 美元兑换 106 日元

日元汇率正在急速上涨。2016 年的日元升值是在 5 月连休期间发生的。2016 年 5 月 4 日，1 美元可以兑换 106 日元。而此前，1 美元可以兑换 120 日元。日元汇率在短期内迅速上涨会给出口企业带来负面影响，同时也会导致股价下跌。

汇率的变动必然会影响到经济。虽然没必要过于惊慌，但是日本正处在安倍经济学带领下的摆脱通货紧缩的重要时期，日元汇率上涨趋势值得警惕。

市场人士已经注意到了日元汇率上涨的趋势。1 美元兑换 120 日元相比于从前也算是低汇率，并不会一直持续下去。

新闻报道中也提到了几个日元汇率上涨的原因。其一是美国。美国联邦储备银行突然放缓了上调利率的速度，说明美国开始谨慎行动。这将会影响美元升值（日元贬值）趋势，导致日元升值。

其二是日本银行的行动。日本银行采取的货币宽松政策促进了日元汇率的下降。但是现在，该政策的效果似乎已经达到了极限。结果使日元汇率开始回升。

其三是新兴国家的动向。在中国经济减速，新兴国家的资金流出等背景下，市场出现了购买日元作为安全投资的动向，这也会促使日元升值。

不久之前，某外汇交易员曾说，“对市场人士来说，20 分钟以上就算长期”。也就是说，市场人士并不考虑未来情况，他们注重的是当前局势。现在市场处于日元升值趋势，市场人士为了使利益最大化而寻找购入日元的最佳时机。只要出现微小的日元上涨趋势，就会伴随着大量的日元购买，从而加速日元汇率上涨。

从这个角度来讲，日本国内市场停业的黄金周期间是非常不利的时期。在日本政府无法积极干预市场的情况下，海外市场的日元上涨趋势愈演愈烈。对于短时间内决定胜负的市场人士来说，政府的干预虽然只能带来一时的影响，但也必须高度警惕。在黄金周连休期间刚好可以避免受到其影响，因此日元汇率在此期间大幅度上涨。

那么之后呢？日元的高汇率有可能会持续一段时间，但也很难想象会持续走高。日元汇率越高，其上涨空间就会越小。从长远角度来想，1 美元兑换 105 日元左右的汇率并非不利于日本的发展。要知道，日元汇率过低并不是一件好事。

观点

美国放缓利率上调的速度，对日本银行政策的不安，以及新兴国家的资金流出等导致了日元汇率的急速上涨。但是这种趋势一直持续下去的可能性很低，也不能说是一件坏事。

为什么说“欧洲有可能变成日本”

全世界都陷入了经济低潮。针对现在的局势，有人说，“欧洲有可能变成日本。日本还是日本。美国经济恢复速度缓慢”。

虽然日本成了经济停滞国家的代名词这一点让人感到不快，但这种说法的确通俗易懂。因通货紧缩，日本经济持续低迷，欧洲也正在开始“日本化”。欧洲在雷曼事件过后恢复最快的是英国。但脱欧公投的结果使英国经济前途渺茫。日本在安倍经济学带领下经济看似在逐渐恢复，但是就目前状况来说有可能回到原点。所以说，“日本还是日本”。

进入少子老龄化的发达工业国家的经济已进入成熟期，继续保持高增长率并不容易。世界经济发展顺利时，新兴国家带领着经济发展。高度成熟的发达国家资金通过投资方式流入新兴国家，并成为新兴国家的发展动力。雷曼事件之前的世界经济持续着这样的发展态势。

然而，现在新兴国家陷入了危机。特别是中国，不仅增长率下降，还给世界市场带来了一系列的影响，也被称为中国冲击。新兴国家和发达国家的经济不振，使全世界陷入了经济低潮。最显著的特点就是历史上最低水平的长期利率。日本和欧洲的长期国债已达负利率，美国和其他国家的长期利率也达到了超低水平。全球的需求量都在下降。长期利率可以映射未来物价和经济水平。也就是说，在市场上，今后全球物价会持续通货紧缩，经济低潮也将继续。

日本一直以来致力于摆脱通货紧缩，现在的全球经济状况对日本而言可以说是非常不利的。雷曼事件前的世界经济达到了历史最高增长率，石油等资源的价格也很高。其中，只有日本被通货紧缩所困扰。但是现在不仅欧洲，世界经济都将处于通货紧缩状态。出口衰退、资源价格暴跌、日元升值等都会导致日本通货紧缩，其根本在于全球经济的长期停滞。

这种局势下，如果不采取手段，日本将会回到通货紧缩的原点。所以必须最大限度地发挥当初设定的货币政策、财政政策、经济增长战略“三支箭”的威力。重点是除了发射“三支箭”，还要聚拢“三支箭”，综合发挥“三支箭”的作用。在继续实施宽松政策的同时，也要发挥财政刺激和发展战略的作用。

观点

欧洲日本化、全球性经济停滞、中国等发展中国家经济不振的大局势下，日本必须综合发挥“三支箭”的作用，摆脱通货紧缩状态。

美国利率上升招致日元贬值美元升值

——令人担忧的 FRB 的动向

美国联邦储备委员会（FRB，简称美联储）主席等人的发言也对日本造成了很大影响。美联储的主席耶伦称，现在美国的经济呈现恢复状态，这种动向继续下去，政策利率——联邦基金利率将有可能回升。

美国和日本一样处于超低利率状态。美联储致力于摆脱这种异常状态。但是，2008 年雷曼事件之后的经济恢复缓慢，不得不实施超级量化宽松政策。

如果美国提升政策利率，那么对于日本来说至少有两个重要意义。一个是美国的经济复苏会推动世界经济复苏，日本也可以从中获益。上调利率说明美国经济正在恢复。美国经济是全球最大规模的经济，其增长对世界经济起着关键作用。

另外一个重要意义在于对汇率的影响。美国利率上升，会伴随着美元升值、日元贬值。美联储主席耶伦发言后，日元汇率便开始下降，随之带来了股价的大幅度上涨。虽然不能过度地被利率和股价的一时动态左右，但是这足以说明，美国的一举一动都会给日本带来重要影响。

遗憾的是，世界经济状况并不乐观。中国和巴西等新兴国家仍处于经济低潮。代表巴西和中国等四国的“金砖四国”一词已经失去了往日的魅力。新兴国家的经济停滞也关系到世界贸易停滞，资源价格也持续低迷。产油国家等资源国家的经济也因资源价格下跌而持续低迷。这一系列的影响在中东各国、俄罗斯、巴西、非洲等国家蔓延。

这时，发达国家的经济发展必须成为世界经济发展的支柱。日本和欧洲的经济势头并不乐观，所有的期待都投向了美国经济。股票市场和外汇市场也是同样。所以，面对这次美国经济政策的新动向，股价和汇率才会出现过激反应。

日本经济恢复取决于美国，这点说起来有些令人惭愧，但现在能改变世界经济的也只有美国。2017 年 1 月，特朗普就任美国总统，今后美国政治经济方面的一举一动都需要引起高度重视。

观点

美国利率上升意味着世界经济恢复和美元升值、日元贬值。新兴国家势力衰退，欧洲、日本经济低迷，在这种情况下，必须时刻关注美国的政治经济动态。

第 5 章

当今世界正在发生什么？

从重大新闻中解读未来的形势

解读激荡中的世界经济

英国在公投后脱离欧盟，推行贸易保护主义的特朗普当选美国总统。贸易保护主义已经开始在世界范围内扩散。

对贫富差距增大、移民和外国劳动者增加等现状抱有不满情绪的人越来越多。正是在这种背景下，推行贸易保护政策的政治家才得以登上政治舞台。

资本主义经济的发展必然伴随着贫富差距的扩大。资本主义开展的贸易全球化将会成为舆论的重心。要求限制贸易、批判国际货币、排斥移民等呼声将日益高涨。

遗憾的是，贸易保护政策并不能解决这些问题。限制贸易会影响经济发展，反而会给反对全球化的人带来负面影响。

特朗普声称，进口亚洲的低价产品会影响白人蓝领阶层的正常生活，然而即使美国实施贸易保护政策，也并不能改变白人蓝领阶层所面临的困境，甚至会带来反效果。

欧洲在战后很长一段时间内都致力于欧洲统合，但是现在正面临着巨大的危机。英国决议脱离欧盟，来自叙利亚和非洲等国家、地区的移民和难民激增，反对欧洲统合的各国右翼势力开始膨胀，现在能否解决这些难题，继续欧洲统合还有待观望。

这场国际性经济变动也给日本带来了巨大影响。中国经济的变动——中国冲击通过日元汇率和股价等方式给日本带来了负面影响。新兴国家的经济低迷带来的全球贸易增长迟缓也会影响日本经济。

特朗普的上台，使日本一直推进的跨太平洋伙伴关系协定（Trans-Pacific Partnership Agreement，简称 TPP）陷入困境。但是，特朗普效应带来的日元贬值和股价上升如果能持续下去，将会有效改善日本的通货紧缩态势。

然而，特朗普政权和美国动向也并非都对日本有利。在中日关系和俄日关系上，美国也发挥着一定的作用。《巴黎协定》使得全球在应对气候变化方面达成一致，今后需要等待美国的下一步行动。无论如何，了解世界局势的变化，对预测日本未来走向有着重要的意义。

特朗普、希拉里都对 TPP 十分慎重

跨太平洋伙伴关系协定（Trans-Pacific Partnership Agreement，以下简称 TPP）的发展趋势无法预测。特朗普坚持贸易保护主义并声称要退出 TPP 甚至 WTO（世界贸易组织）。不知是否因为受了此番动作的影响，希拉里・克林顿（Hillary Clinton）的发言中也提到应慎重对待 TPP。

美国有些势力反对贸易自由化，很多国民对 TPP 的态度也冷淡，这些直接影响了总统候选人对 TPP 的否定态度。

一年前，我参加了一场在纽约举办的 TPP 研讨会。本应是一场经济相关人士和研究人员冷静分析 TPP 的会议，但是美国的谈判员温迪・科特勒（Wendy Kotler）在发言时，会场内频频出现骚动，使会议不得不暂时中止，过了一段时间后才恢复平静。美国的保护主义由此可见一斑。

历史上，美国也曾因为国内政治保护主义陷入混乱。1930 年 6 月美国签署的《斯姆特－霍利关税法》（*The Smoot-Hawley Tariff Act*）是导致 20 世纪 30 年代世界性大萧条的催化剂。第二次世界大战后，为了反思保护主义，建立了布雷顿

森林体系[①]。原本计划成立国际贸易组织（International Trade Organization，简称ITO），与稳定货币的国际货币基金组织（International Monetary Fund，简称IMF）共同推进世界贸易自由化的，但该提案在议会上被否决，未能实现。

结果，只能在《关税及贸易总协定》(*General Agreement on Tariffs and Trade*，简称GATT）的基础上进行贸易谈判，强化布雷顿森林体系。关贸总协定作为WTO的前身，在其成立前的长达50年间发挥着重要作用。美国政府致力调整的战后经济秩序，却被其国内政治所影响。

这次TPP出现混乱的原因不是议会而是美国总统选举。但是，从奥巴马政权时期开始，议会就很难通过TPP相关谈判，现如今总统候选人也对其抱有否定态度，TPP的未来令人担忧。

特朗普的当选，使得TPP陷入更大的困境。是在美国退出后重新构建经济协定，还是在美国参与的前提下修改名称改变为新的经济协定，面临着很多选项。

---

① 布雷顿森林体系（Bretton Woods System）是第二次世界大战后以美元为中心的国际货币体系。——编者注

观点

保护主义的势力和国民的关心程度低都是导致美国总统候选人对TPP抱有消极态度的原因。美国总统就任后需要考虑国家利益，期待他能采取灵活对策。

从山形县的樱桃看“强势农业”的可能性

在农产品方面，出现了 TPP 对农民利益造成损害的言论。实际上，国外进口廉价食品并不一定都是坏事。

日本的食品价格在主要国家中也属于较高水平，尤其是大米、肉制品和乳制品等，这一点有过国外生活经历的人大概能够体会到。这会影响到低收入人群的生活。收入水平相同的情况下，生活在国外的人所花费的食品开销相对较低。

一个喜欢黄油的友人对我说，他喜欢的法国产含矿盐黄油在当地只卖200日元左右，然而在日本，价格达到了3000日元。这并不是一个特例。尽管日本面临着严重的黄油不足问题，却还要继续实施愚蠢的限制进口政策。就连超市里的普通黄油也比海外价格高很多。

推进贸易自由化，降低肉、乳制品的价格，有利于低收入人群。很多人喜欢的低价格牛肉盖浇饭饭店也是得益于进口海外食材。

能进口到海外低价格食品，不意味着可以荒废日本国内的农业。但是，通过限制进口来保护农业的做法也不可取。与其保护弱势农业，不如开发强势农业。

很久之前，在美国樱桃进口自由化之后，有人认为日本的樱桃农户要失业。然而，山形县的樱桃农户反而开发出了和美国樱桃完全不同的樱桃新品种——佐藤锦。通过高价出售新品种樱桃，樱桃农户获得了很高的收益。

前不久，我还听到与此类似的话题，“之前山形产的樱桃都是做成罐头的便宜货。但是，进口自由化带来的危机感使得农商开始努力开发高品质樱桃，因此获得了现在的高收益。现在看来，一切都是美国樱桃的进口自由化带来的契机”。

山形的樱桃告诉我们，农业是需要不断进化的。在进口廉价牛的同时，也要饲养高级和牛[①]，培育优质品牌大米，种植高价格果树等。重要的是构建“强势农业”。日本各地，比如我的老家静冈县也有这种“强势农业”的例子。

观点

贸易自由化有利于低收入人群，但也伴随着对日本农业衰退的担忧。在这种背景下，有必要发展依靠高品质高价格取胜的“强势农业”。

① 和牛，即日本的本地牛。——编者注

英国脱欧对世界经济的影响

英国公投后决议脱欧，给世界市场带来了巨大的影响。我在投票结果公布日恰好参加了在德国举行的政府相关经济会议，有幸近距离观察到了欧美专家对此突发事件的反应。

此次投票结果可以说是“开始的开始”。英国脱欧后，英国、欧洲乃至世界各地都开始了新一轮的调整，对世界经济带来了巨大的影响。这个长期过程很难预测，用一句话来形容，就是世界经济开始进入“不稳定时代”。

比如，脱欧后英国经济大体上有两种走向：一种是陷入衰退，另一种是通过调整恢复到正常状态。英国如何在两个极端走向之间找到一个平衡点尚难知晓。

英国脱欧后，很多理所当然的事实发生了质的改变。英国农民无法继续享受欧洲农业保护政策的保护，伦敦可能不再是欧洲金融中心。英国是国际上接受海外直接投资最多的国家，然而入驻英国的汽车和金融等行业今后也许会将一部分功能转移到欧洲其他地区。为了避免这些问题的扩大，英国必须积极采取措施。

通过公投来决定是否脱欧这一举动加剧了英国的舆论分裂。

英国脱欧派的胜利会刺激欧洲和美国的“脱欧派”。英国舆论的两极分化有可能影响其他地区，使世界各国进入保守状态。之所以用“开始的开始”这一说法，是因为此次英国的脱欧举动，有可能只是世界性潮流开始变动的一个起点。

英国脱欧带来的世界性的股价下跌、日元贬值等，对日本经济造成了直接伤害。借用《金融时报》经济评论员马丁·沃尔夫（Martin Wolf）的话，这场“对英国来说是战后最糟糕的事件”，使世界经济陷入了动荡格局。在世界经济如此脆弱的时期发生了这种事件，暂时还会继续影响着日本，所以不能放松警惕。

但是，更加需要警惕的是其对整体经济造成的第二、第三次冲击。虽然不会像股票和外汇市场的动向一样明显，但我们还是需要警惕之后几年世界经济的大变动。正是因为意识到了它的不稳定性，市场才会如此动荡。

观点

英国公投脱欧使今后世界经济走向变得无法预测。脱欧带来的影响现在还只是一个开始，有必要警惕其之后引发的第二、第三次大变动。

美国愤怒，英国不满

——全球化真的那么糟糕吗？

英国公投脱欧造成了全世界的动荡。

虽然事件发生在遥远的英国，但是结果一出，日本股票市场开盘后，日经平均股价就下跌了 1000 日元以上，日元对美元汇率也上涨到了 99 日元。不仅日本，亚洲市场、欧洲，甚至美国等世界各国的股价都开始暴跌。

世界经济是一体的，所以必然会发生这种市场连锁反应。但是，这次的暴跌规模之大已经超出了预想。主要发达国家发表声明，表示将尽全力稳定市场并提供大量资金。

此次事件可作为帮助理解世界经济动向的实际案例。今后它还会以各种形式出现在报纸和电视上，希望能引起大家的关注。

除了这次公投给市场带来的影响，还应考虑为何会发生这种情况。

英国之所以过半数的国民都投票赞成脱欧，主要是因为对贸易全球化、收入差距扩大、移民问题等当前政治状况不满，支持脱欧是情绪爆发的结果。

重要的是，不仅英国，其他国家也有相同情况。在美国，总统候选人特朗普的支持者是被称为“白色垃圾”的贫穷白人阶级。他们对华尔街的金融业、职业政治家、伊斯兰教教徒、移民等抱有莫名的不满。这种不满情绪的爆发直接导致了特朗普的高支持率。

欧盟国家也有着同样的动向。欧盟中的很多国家都发生过排斥移民运动，主张脱欧的政治势力在逐渐增强。还有很多人对现在的政治家抱有不满情绪。

全球化的推进，给人们的生活带来了很大的改变，但并不代表所有人都喜欢。贫困阶层、低收入劳动者、靠养老金生活的老龄人群感受到了全球化对自身生活的威胁。从这次英国的公投中也可以看出，在伦敦的富裕阶层和年轻人多支持留欧，赞成脱欧的以贫穷地区的人和高龄人士居多。

随着全球化的发展，人、物、钱的转移开始加速，必然会引起许多人的反感。但是，也不可能采取政治手段强行中止全球化。一旦强行介入，反而有可能使经济社会陷入更糟糕的局面。

相关报道指出，这次英国公投后，有些因为一时兴起投了赞成票的人看到结果之后开始后悔。脱欧后英国的经济将会受到重创，其结果将会让很多人大吃一惊吧。

套用英国前首相温斯顿·伦纳德·斯宾塞·丘吉尔（Winston Leonard Spencer Churchill）曾形容民主主义的一番话[①]来形容现在的贸易全球化："贸易全球化真可怕。移民问题，恐怖主义，贫富差距扩大，尽是坏事。但是，更加可怕的是中止贸易全球化。"

全球化虽然有很多缺点，但更多的还是优点。放弃全球化意味着将无法再从中获益。

也有人形容这次英国脱欧是"结束的开始"。今后，很多国家都将开始反全球化运动，导致世界性的分裂和停滞。我们只能一边祈祷不会发生最糟糕的事态一边时刻关注最新动向。

英国的年轻人大多支持留欧，支持脱欧的大多数是高龄人士。电视报道上有个年轻人曾说"这影响了我们的未来"，这句话给我留下了很深的印象。希望更多年轻人能够关注本书中提到的英国公选背后的政府行为对日本未来带来的影响。

---

① 此处引用的是"民主主义可以说是最糟糕的政治形态，但是在至今尝试过的政治制度中，还没有发现比它更好的制度，所以我们不得不用它"这句话。也就是说，民主主义优于其他任何政治制度。

观点

脱欧反映了一部分英国人对全球化抱有的不满情绪。为了不让世界陷入停滞，希望我们每个人都能关注世界态势的发展。

恐怖主义、移民、新兴国家的低迷……

——世界性风险对经济的影响

2015年11月13日，法国发生了震惊世界的大规模恐怖袭击。当时我正巧要去瑞士参加会议，途经德国机场时安全检查比平时严格很多。还有新闻报道称从美国出发到法国的航班因为发现爆炸危险而紧急降落。

“伊斯兰国”（Islamic State，简称IS）制造的一连串事件具有多面性。叙利亚问题使大量难民流入欧洲。在叙利亚，俄罗斯支持的阿萨德政权、欧美支持的反政府势力和恐怖组织“伊斯兰国”三方对立。这些问题大多和经济没有直接关系。

此前，恐怖主义对经济的影响问题并没有引起太多的重视。因为它们大都发生在中东地区。但是，以法国的恐怖事件为契机，开始出现了其对世界经济影响的担忧之声。恐怖主义会导致经济衰退，限制人的行动，使以自由转移人力、物力为前提的世界经济遭受巨大的冲击。

这不禁让我想起了2001年的“9·11”恐怖袭击事件。恐怖分子控制客机撞向纽约世界贸易中心等地，给美国造成了巨大损失。该事件结束后，世界经济弥漫着消极情绪。

然而实际上，2001年的“9·11”事件结束后，世界经济并没有恶化，反而实现了史上的最高增长率。其最大的功臣就是以“金砖四国”为代表的新兴国家和发展中国家。将巴西、俄罗斯、印度、中国总称为“金砖四国”一词的美国高盛公司首席经济师吉姆·奥尼尔（Jim O'Neill）曾对我说:“很多人认为恐怖袭击事件会让经济蒙上阴影，但我们不这样想。因为我们对新兴国家的成长抱有很大期望。”

结果和奥尼尔的预想完全一致。那么，这次的结果会怎样呢？曾经引领全球经济发展的“金砖四国”，如今成了导致风险的原因之一。在这种背景下发生了大规模恐怖袭击事件，对全世界经济造成的消极影响令人甚是担忧。

所幸，以往的恐怖袭击都没有直接对美国本土进行攻击。目前，美国的经济恢复有望带动世界经济的发展。“9·11”事件之后，“金砖四国”发挥的作用由美国来发挥。但有一点要注意，美国本身也是恐怖分子的目标之一。全球化的恐怖分子不分国籍。万一美国再次发生类似于“9·11”事件的恐怖袭击事件，世界经济将会受到非常严重的影响。希望这种事件不再发生。

观点

法国恐怖袭击事件足以让人担心其对世界经济带来的严重影响。如今，美国掌握着世界经济的关键，如果现在美国发生大规模恐怖袭击事件，对国际经济的影响将不可预估。

在难民问题上，日本的选择备受质疑

工作原因来到欧洲后，在和当地人的交流中，我发现他们非常关心当地的移民和难民问题。大量的难民从处于内战状态的叙利亚移民到欧洲。其中，德国积极接收难民的举动也是大量难民流入的重要原因之一。

英国在公投确定脱欧后，来自波兰的移民急剧增多，当地人开始不满于劳动机会变少。这次我所到访的西班牙和意大利因为地理位置靠近非洲，有着很多来自北非等地的移民。对于处于政治混乱和经济贫穷的非洲人民而言，富裕的欧洲对他们有着很大的吸引力。

这类问题看似和日本无缘。日本在政治上也很少讨论移民问题。如果被欧洲人问到日本对于移民和难民问题的看法，恐怕无法给他们满意的答案吧。

然而，日本也不能一直不关心移民和难民问题。日本经常因为不积极接收难民而被谴责。确实，日本很少接收难民。如今世界各地都发生着政治混乱，难民数量越来越多。如何帮助这些难民，是发达国家共同的课题，日本也应积极参与。

考虑到地理位置的因素，日本也不是没有大量难民流入的可能。如果朝鲜陷入政治混乱局势，那么大量难民将有可能流入中国、韩国等邻国。虽然其与日本之间有缓冲地带，但也不能排除有少数难民流入日本的可能性。当几百只船驶向日本时，我们应该如何应对呢？也许有人会说很难想象会发生这种情况，但是欧洲现在正面临着这种局势。

世界上，贫穷国家和富裕国家并存，政治稳定国家和混乱的国家并存。如果乘船跨海移动到日本变得容易的话，涌向日本的移民和难民势必会增多。日本必须正视这种局势，因为将来日本有可能和现在的欧洲一样，面临如何接收移民和难民的重要政治问题。

欧洲今后的抉择无论是接收更多的移民和难民，还是加强接收移民和难民的限制，都需要制定相关的制度。日本应该时刻关注今后的欧洲动向，为将来做准备。

观点

大量难民和移民涌入日本的可能性并非为零。究竟是接收还是限制，日本必须从现在开始考虑相关对策。

气候变化改变了汽车行业

最近，气候变化问题吸引了很多人的关注。有报道称中国台湾地区发生寒流造成数十人因寒冷而死亡。冲绳和奄美也出现了降雪。此外，2015 年 12 月我参加会议造访纽约时，纽约的气候异常温暖，难以想象是在冬季。

这种异常气候和温室气体累积造成的气候变动（所谓的全球变暖）有何种关系呢？作为外行，我无从解释。但据相关专家的分析，两者似乎有着很大的关联。并且，如果这种状况持续下去，今后将会发生更加糟糕的事情。

2015 年 12 月，世界各国政府首脑聚集在巴黎召开了联合国 COP21 大会①。会议激烈讨论了温室气体的减排问题。与工业化开始之前相比，现在地表温度上升了 2℃以上，会议提出了将上升温度控制在 1.5℃以内的目标。为了实现该目标，截至 2050 年，必须削减 50%～80%的二氧化碳排放量。

也许很多人对此没有什么具体概念。削减之后，对我们的

---

① 指第 21 届联合国气候变化大会。——编者注

生活和产业有着怎样的影响呢？具体应从生活、经济等方面进行考虑。

前几天，某汽车生产商的高层给我画了一张有趣的图，上面画着到2050年一台汽车的温室气体减排量。考虑到今后全世界的汽车数量增加，到2050年，每台汽车必须削减90%的温室气体排放量。

这对于汽车行业来说是一个巨大的挑战。这意味着汽油等内燃机器将不能再继续使用。别说是普通的汽油发动机，就连混合动力机也难以达到90%的削减量。现在驾驶的汽车在2050年之后将全部无法使用。在此之前，必须用电动汽车（EV）或者燃料电池汽车来取代所有汽车。

这种趋势必然会给产业和经济带来巨大的影响。大多数汽车生产商在2050年之前必须停止所有燃油车的产品开发。不仅小型车辆，巴士和货车等也包含在内的话，还会影响运输成本。减少大型货车的使用意味着铁路利用率会增加。

与汽车相关的零件生产商聚集地区也会受到很大的影响。燃油车全部变为电动汽车和燃料电池汽车，将会出现很多新的必需零件。电池和氢气相关行业会有新的商机。全球气候变化问题会给相关的产业和社会带来变化。

观点

温室气体的国际性减排目标给汽车行业带来了巨大的挑战。应该借此机会，积极革新技术，造福社会。

以大众汽车的作弊行为为鉴

大众汽车的“作弊门”事件给汽车行业带来了巨大骚动。工作原因来到德国法兰克福后，我曾经和当地人进行过交流，从中也能看出此次事件给当地经济和汽车产业带来的巨大影响。报纸也从多个角度分析了这一问题。

为了达成减排规定，大众汽车开发了应付减排测试的作弊软件。这类似于平时不认真学习考试时作弊的学生。一个世界知名企业竟然做出了这样的举动，令全世界震惊不已。

为何会发生这种事情，企业的高层究竟是否参与了呢？如果参与了的话，问题就没这么简单了。

也许公司高层并未参与作弊行为，这只是工作人员被逼无奈采取的行动。提出辞职申请的社长也表示并不知情。由于时间紧要求高，工作人员才无奈做出作弊行为蒙混过关吧。

然而检查工作现场作弊行为也与管理体制息息相关。管理阶层必须对未能及时发现并制止作弊行为而负责。

也就是说，公司高层无论参与与否，作弊行为的发生都需要管理阶层来承担责任。大众汽车公司和丰田汽车公司都是世界顶级公司，所以这种作弊行为更受人瞩目。

现在，该公司的应对方法也备受关注。问题发生后，企业的应对方法将影响其今后的信誉。问题发生后的应对手段才是最重要的。

商业学校经常会给出强生公司镇痛药泰诺的经典案例。有人传言说泰诺中混有有毒物质。听闻此传言，强生公司立即召回全部商品，并换成了安全商品。在并未查明是否含有有毒物质的阶段就采取了快速的应对手段，使强生公司获得了很高的评价。

该事件其实并不是强生公司的责任，但是，发生事故后的快速应对为公司的信誉恢复做出了巨大贡献。因此，大众汽车处理此次事件的速度很值得关注。

观点

大众汽车的尾气作弊行为，无论属于组织行为还是现场的突发行为，管理阶层都需要承担责任，其对策也将决定今后的公司信誉。

日本企业能战胜亚马逊吗?

前几天，我买了新的智能家庭清洁工具——Roomba 扫地机器人。附近的家电商场刚好做活动，趁便宜就买了。然而令我吃惊的是，当天晚上亚马逊官网的全场折扣比我买到的价钱还要低很多。世界级购物网站的打折力度令我非常佩服。

亚马逊被称为“品类杀手的杀手”。品类丰富且价格低廉的大型店铺被称为品类杀手，而亚马逊的品类更加丰富且价格更加便宜，所以说是品类杀手的杀手（终结者）。那么，各个大型店铺应如何应对这种状况呢?

在东京大学经济学部的似鸟捐赠讲座中，时任似鸟公司社长的似鸟昭雄先生说过，大型家电商场只卖制造商的经典商品，所以才会被亚马逊击败。似鸟公司的商品是自己开发制造的，不存在这样的担心。自有品牌专业零售商的强势就在于自主研发产品，并拥有其他商品不具备的特色。比如优衣库自主研发的 HEATTECH 系列和抓毛绒等特色是其他商品无法匹敌的。

在竞争激烈的零售行业中，别出心裁才是取胜的关键。对于一直依靠批发商和生产商生存的零售行业而言，这种改变很困难。永远都使用同样的批发渠道，依靠同样的生产商，将无法打造特色店铺。

连锁零售店需要在不同店铺展现不同特色，自有品牌专业零售商就是其中的代表。大型便利店正在积极开发的自有品牌也是其中之一。这种趋势对于生产商来说是非常不利的，于是有生产商开始和零售行业联手成立生产零售双品牌（例如 Seven&I 控股集团和麒麟啤酒）。

这表面上是为了在和同行业其他公司的竞争中取得胜利，但其实还可以避免与亚马逊等平台的竞争。出售亚马逊无法销售的商品，就可以避免与其正面冲突。曾经，零售业都靠出售全国性商标品牌为生。然而，网络购物的出现，使全国性商标品牌不得不开发特有商品。亚马逊不仅是品牌杀手的杀手，对于生产商来说也是一大威胁。

观点

世界性网络电子商务公司亚马逊以其品类丰富和价格低廉等特点给日本零售业带来了巨大的影响。今后，零售业必须通过生产亚马逊所不能销售的商品来强化竞争力。

附 录

本书是从《日经 MJ》连载的“伊藤元重的经济观察”以及《静冈新闻》连载的“论坛”2015 年 10 月—2016 年 11 月的文章中严格筛选出来，加入了以下文章后，再次进行增删、修改后成册出版的。

《日经 Veritas》(异见达见)

2016 年 9 月 25 日（第 1 章 P43—46）

《日经 Veritas》(异见达见)

2015 年 6 月 21 日（第 2 章 P78—81）

《日经 Veritas》(异见达见)

2015 年 4 月 5 日（第 4 章 P171—174）

《读卖新闻》(读懂地球)

2016 年 6 月 27 日（第 2 章 P69—74）

《读卖新闻》(读懂地球)

2015 年 9 月 21 日（第 4 章 P175—180）

《Kyamitasu 金融》连载

《专业观点“Walking Economist”告诉我们世界经济、日本经济的未来》

2016年8月24日（第2章P100—104）

《Kyaritasu金融》连载

《专业观点“Walking Economist”告诉我们世界经济、日本经济的未来》

2016年7月20日（第5章P216—220）

本书尽量保持和发刊时的文章一致，还包含了部分发表文章时的内容，敬请悉知。

图字：01-2017-2817 号

图书在版编目（CIP）数据

经济大趋势与未来发展控制权／（日）伊藤元重 著；陈颖 译. —北京：
东方出版社，2018. 3
ISBN 978-7-5060-9974-5

Ⅰ. ①经…　Ⅱ. ①伊… ②陈…　Ⅲ. ①世界经济—经济发展趋势—研究
Ⅳ. ①F113. 4

中国版本图书馆 CIP 数据核字（2017）第 296083 号

经济大趋势与未来发展控制权
（JINGJI DA QUSHI YU WEILAI FAZHAN KONGZHIQUAN）

作　　者：［日］伊藤元重
译　　者：陈　颖
责任编辑：申　浩　吕媛媛
出　　版：东方出版社
发　　行：人民东方出版传媒有限公司
地　　址：北京市东城区东四十条 113 号
邮　　编：100007
印　　刷：北京京都六环印刷厂
版　　次：2018 年 3 月第 1 版
印　　次：2018 年 3 月第 1 次印刷
开　　本：880 毫米×1230 毫米　1/32
印　　张：7
字　　数：120 千字
书　　号：ISBN 978-7-5060-9974-5
定　　价：49. 00 元
发行电话：（010）85924663　85924644　85924641
